丁玲

华美的奏鸣曲

一曲

Ding Ling

丁玲的一生，如初春大地上燃烧的火焰，无论是绚烂还是熄灭，都惊世骇俗。

李 埼◎著

北京燕山出版社
BEIJING YANSHAN PRESS

图书在版编目（CIP）数据

丁玲：一曲华美的奏鸣曲 / 李婍著 . —北京：北京燕山出版社，2018.4

ISBN 978-7-5402-5152-9

Ⅰ . ①丁… Ⅱ . ①李… Ⅲ . ①丁玲（1904-1986）—生平事迹 Ⅳ . ① K825.6

中国版本图书馆 CIP 数据核字 (2018) 第 108985 号

丁玲：一曲华美的奏鸣曲

作　　者　李　婍
责任编辑　王　迪
设　　计　张合涛
责任校对　岳　欣
出版发行　北京燕山出版社有限公司
地　　址　北京市丰台区东铁营苇子坑路 138 号
电　　话　010-65243837
邮　　编　100078
印　　刷　河北信德印刷有限公司
开　　本　880mm×1230mm　1/32
字　　数　196 千字
印　　张　9.75
版　　次　2019 年 1 月第 1 版
印　　次　2024 年 1 月第 3 次印刷
定　　价　46.00 元

序

那个寒意料峭的初春之夜，终于完成了《丁玲》的初稿。

长吁一口气，望向窗外烟笼雾罩的夜空，心中骤然轻松很多。那一夜，难得睡得很香，无梦到天明。

这些年，写过无数历史女性，感觉最难把握、最不好写的便是丁玲。

这个女子，集民国文艺女子的小资与革命女性的铿锵于一体，文学、爱情和政治是她一生的三个主题。

丁玲曾是旧式家族的大小姐，祖上辉煌的背景让她的父辈有足够的钱财做悠闲公子哥，然而，那样的幸福时光如过眼烟云般在她的童年时代散去。父亲逝去后，当这个只有4岁的小女孩和母亲坐在租来的小轿子中，孤苦伶仃地回到常德外婆家的时候，就注定了她一生的命运会是另外一种景象。

她注定做不成大家闺秀，寄人篱下的女孩没有底气也没有能力让自己安坐闺房，扮出发髻斜坠、眉纤入鬓的娇媚。

她有一个新潮、心理强大的母亲，母亲30岁走进女子师范学校读书，这自立自强、不屈不挠的强悍自然会影响女儿的一生。丁玲惊世骇俗、波澜壮阔的人生，便从这里出发。

在人生路上，她彷徨过。青年时代，留着短发、穿着素色学生装的丁玲也曾踯躅北平街头，为寻找不到生活道路而落寞惆怅，一如她笔下的莎菲女士。

她具有强烈的反叛意识和反叛精神，不依附他人，是一个追求独立个性的女子。此外，与那个时代万千女子不同的是，她还是一个追求进步、追求革命的女子。在民国诸多文艺才女中，唯有她义无反顾地选择了一条曲折的红色道路。她是左联的女作家丁玲，她是国民党监狱的女政治犯丁玲，她是在延安被革命领袖称为“昨日文小姐，今日武将军”的丁玲，她是新中国的作协领导丁玲，她是获得过斯大林文学奖的丁玲，她还是被打成右派发配到北大荒且坐过秦城监狱的丁玲。

有作家评价：“丁玲是一座大山、一条大河、一道悲壮的风景，足以妆点照耀一部中国现代文学史。”

独特的个性气质也影响她的爱情。在爱情上，她永远是一棵橡树，渴望获得与男性同等的地位。她爱过的每一个男人，都曾经是她志同道合的战友，无论是投入过浪漫真情的丈夫胡也频，还是擦肩而过、一生彼此牵挂的蓝颜知己冯雪峰，抑或是噩梦一场有过无限遗恨的冯达，还是挚爱深沉、白头终老的陈明，在与他们的任何一段爱情中，丁玲都展现出一个真实女人最热烈的一面。一个真实的女子，会始终以爱去生活，她的生命中不能缺少爱情，丁玲便是这样的女子。

这个女子苦过、痛过、哭过、笑过、辉煌过、沉寂过：二十年代的长沙，她是一身素雅学生装的民国美丽女学生；三十年代的大上海，她是一袭精美旗袍的妙曼少妇；四十年代的延安，她是身着灰色粗布戎装的八路军干部；五十年代的北京，她是身穿朴素制服的文化高干。到生命最后的年月，出现在人们面前的丁玲，是一个头发全白、满脸皱纹、穿着布衣布鞋的老太太。此时，她已经遍尝人间百味，一切表象的东西，在她眼里，都是过眼烟云了。

生命最后的日子，她语调轻松地和家人说着玩笑话："你们大家高兴吧，我肯定能成佛。"

那时，她参透了人生，唯一舍弃不下的，唯有爱情。弥留之际，她对丈夫陈明说："你再亲亲我。"

这样敢爱敢恨的真实女子，唯有丁玲。

李　婍

目 录

第一章　从大家闺秀到叛逆女生

她出生在富贵之家，却经历家道中落的变故，成了寄人篱下的小女孩。她看尽人间白眼，承受贫穷和苦难的折磨，她是不幸的，却也是幸运的。因为，她终究成为了自己。

没落地主家的大小姐

安福县蒋家，是一个有钱的人家，是一个人丁兴旺的人家。在我爷爷的时代，据说那些爷爷们，这房、那房、远房、近房，究竟有多少房、多少人，连姓蒋的人自己也分不清楚，外人就更无从知道。

这是丁玲晚年写过的一段对遥远故乡和童年的回忆文字，里面所说的湖南安福县便是她的祖籍。

丁玲本姓蒋，不姓丁。

与她血脉相连的那个蒋氏大家族，是中国历史上一个很有传奇色彩的名门望族，远祖蒋之奇是北宋嘉祐年间与苏轼同榜的进士，历任翰林学士兼同知枢密院、观文殿大学士等显要职务。

蒋家最早的宗谱还是苏轼写的《序》，文天祥撰写的《蒋氏像跋》，可以想象，能请得动中国历史上这两个声名如此显赫的重量级人物为宗谱写序和跋的，会是什么层次的家族。

后来的蒋氏后代在漫长的历史岁月中几乎世代为官，成为官场专业户，一直到丁玲的爷爷蒋定礼这一代，还沿袭着祖辈的传统。蒋定礼在清光绪年间被晋封通奉大夫，从二品官职，相当于部级领导干部，所以，蒋家在这一代还是很风光的。如今蒋氏大家族住的那个地方是临澧的黑胡子冲，据说，因为丁玲的祖爷爷蒋光清长有浓密的黑胡须，世称“黑胡子”，他居住的那个地方才有了这个“黑胡子冲”的名称。

清朝末年，蒋家和那个日益走向黄昏的衰败朝廷一样，也在不可逆转地走下坡路。

蒋定礼有三个儿子：蒋保厘、蒋保川、蒋保黔。

三儿子蒋保黔就是丁玲的父亲。

这三个儿子后来都没有什么大出息，他们不思进取，沉溺酒色，虽然父辈给他们留下了有两百多间屋子的庭院，以及各种精美的家具，但在他们“联手合作”下还是把这偌大的家业全部败光了。

蒋家兄弟因为父母早亡，在蒋保黔 15 岁那年，三兄弟就分家另过了。三兄弟中，三少爷蒋保黔是最聪明的，他十几岁就考取了秀才，二十几岁远渡日本留学学习法政，但他也是最敢败家的，守着金山银山，他以为自家的家产永远都用不完，败家的手法比他的两个哥哥更加独特。他喜欢玩马，这和北京街头的八旗子弟喜欢架着鸟笼子玩鸟差不多。蒋保黔玩马很有些叶公好龙的感觉，他喜欢骏马，自己却从来不骑，他的马用的马鞍子都是专门请当地最高级的绣工绣成的，精美得如同艺术品，更加衬托出骏马的高大。贵族少年蒋保黔经常会让与他年龄相仿的马夫牵着马，马夫走在前面，马走在中间，他则走在最后，手里拿着鞣皮马鞭，一身时尚的短打扮，这奇异的组合走在路上，常常会惹来惊诧的目光。一般人见了这样的纨绔公子哥都不会上前搭讪，有好事者倘若表扬一下他的马，他立即便会让人上马试试。如果那个人上了马继续夸，那么这匹马差不多就属于骑马的这个人了，什么钱不钱的，有钱就给点，没有钱也没关系，送给你就是了，有共同的爱好才是最重要的。

三少爷的大方是远近闻名的，他不仅免费送骏马，还经常请来成群的朋友在家里吃吃喝喝。每天到了饭点都要开好几桌，饭吃完了，但人并不散去，接着在他们家抽大烟。这也难怪，三少爷家里平时就摆着几个鸦片烟灯，专供客人用的，当然，他自己也一起吸食。在烟雾缭绕中，他一张消瘦的脸愈发显得青黄。

蒋保黔后来结婚了，新娘子是常德县书香之家余家的大小姐余曼贞。余曼贞生得并不算漂亮，平时寡言少语，却端庄娴雅，待人有礼有节，一看就是大家闺秀，受过良好的家庭教育。余曼贞的父亲教了一辈子书，52 岁才大器晚成考上“拔贡”，在云南做了知府。

蒋家和余家算得上门当户对了。余曼贞从小饱读诗书，与旧式女子不一样，她琴棋书画都在行，最喜欢吹箫弄笛，嫁到蒋家后，寂寞的时候也会呜呜咽咽吹上一曲，往往惹得夫家上下不满意，他们嘲笑她是“卖唱的”。但是丈夫蒋保黔喜欢她这样，不但喜欢听她吹箫弄笛，还鼓励她把裹着的脚放开了。如果仅仅是这些还不算什么，余曼贞最令夫家不满的是，她把自己的名字改成了蒋胜眉，大抵是巾帼胜过须眉的意思。试想，蒋保黔因为抽大烟，本来就不够阳刚，娶回来的女人还想胜过男人，这往后三少爷家还不得女人说了算？

余曼贞过门后，发现蒋保黔的纨绔作风始终不改，这个要强的女人本来是满腔热情走进这个名门望族的，渐渐就失望了，她总觉得自己嫁的夫君永远像一个长不大的孩子，总在做一些不可理喻的事情。开始，她暗暗劝自己不生气，可是，看到蒋保黔做的那些不靠谱的事情，又实在忍无可忍。每每蒋保黔让她失望至极的时候，她就坐一顶小轿回娘家住上一阵，眼不见，心不烦。

后来，蒋保黔独自去日本留学了，余曼贞一个人住在蒋家，日子过得更无聊，她怀着身孕，行动不便，虽然家里也有下人，但也照顾不好她，娘家妈妈便派人把她接回常德县城西的家中。一九〇四年十月十二日，余曼贞在常德娘家生下了一个女儿，也就是后来的丁玲。

女儿出生后，余曼贞给远在东洋的丈夫去信，告诉他，他们有孩子了，是个女儿。蒋保黔给女儿取名叫蒋冰之，这个名字雅致好听，四岁之前，丁玲一直就用这个名字。

丁玲在姥姥家住到一岁半，直到出生第二年的十一月份，才第一次见到父亲。

十一月的湘西，天有些凉了，那些日子天上总飘着细细的雨丝，丁玲已经好几天不去外面玩耍了，正当她无聊至极哭闹着要出去的时候，外婆家来了一个叫做爸爸的男人。

父亲在这个小女孩的眼里是陌生的，他眼睛大大的，看上去模样很周正，只是有些瘦弱不堪，脸色苍白，不时地会咳嗽几声。妈妈让她管这个男人叫爸爸，但丁玲刚刚学会说话，对这个陌生的爸爸是叫不好的。

爸爸是来接她们回安福县蒋家的。丁玲觉得那个家无限大：大宅院一眼望不到边，回廊雕栏玉砌，连睡觉的大床都是带着窗子的。但是这个家里却透着一股衰败气息，住在这里的人似乎不快乐，他们见到她和妈妈的表情是冷漠的，丁玲觉得自己有些怕这些人。但是她喜欢那个带着窗户的大床，像是在大屋中又搭建了一个木头小房子，睡在那上面，很有安全感。

父亲自从把她们接回家，就再也没有去日本。他因为严重的肺病，身体衰弱，只好结束了在日本的留学生活，然而，他回国后身体并不见好转，依然是不停地咳，他便慢慢地学着自己开药方，自己给自己医病。为了方便治病，他后来还开了一家药店，偶尔也会有人请他号脉、诊病、开药方，渐渐地，他的医术也有人认可了。不过对蒋保黔这种自学成才的医生，家族里的人们是很不认可的，因为这个家族出了不少医术高明的医生，与他们相比，蒋保黔不过就是个玩票的。

蒋保黔开药房不是为了养家糊口，他给人诊病抓的药方经常是不花钱白送给病人，那时节，他名下的那些银子还没有完全挥霍光，还能容他大方地散财送药，直到三年后才挥霍得差不多了。那个初秋，他的身体也彻底不行了。

余曼贞当时正身怀有孕，她很想为夫家生下个男丁，让蒋保黔脸上有光。离孩子出生的预产期没多长时间了，蒋保黔却等不及看到自己的第二个孩子出生，他的病情越来越重，一九〇八年初秋便撒手人寰，那年他刚刚 32 岁。

余曼贞拖着笨重的身子，拉着刚刚 4 岁的女儿，趴在夫君的病榻前啜泣。她其实说不上对这个男人有多少爱情，两个人的婚内生活一共十年，这十年间余曼贞对这个多病、意志消沉、有才华却没有什么大出息的败家子式的男人，常常感觉到说不出的失望。不过，有他在就有一个完整的家，如今他走了，家也就塌了半边天。

丁玲看着妈妈哭，她也受到感染，忍不住哭了起来，但是她不明白为什么要哭。那个叫做爸爸的人一动不动地躺在病榻上，脸色比平时要灰白得多，眼睛紧闭，他是睡着了吗？

上堂屋设了灵堂，蒋保黔的灵位供在雕刻着精美纹饰的条案上，另外一张八仙桌上摆着干鲜供品，屋子里烧纸钱的味道让空气中充满悲痛的气息。丁玲穿着孝服跟在妈妈旁边，她被要求长久地跪在那里，跪的时间长了膝盖很痛，丁玲痛得哭出声，灵堂里忙碌的人们以为这个幼小的女孩因为父亲而哭泣，便陪着她一起垂泪，其实她是因为腿实在太痛了，她不明白为什么自己要在这阴森的氛围中一直跪着。

灵位终于撤去，亡父入土为安，余曼贞在不久后的一个秋日生下一个小孩子，是个男孩，一个模样长得像极父亲的瘦弱男孩。没了男人的家是寂寥凄凉的，在这个家里，余曼贞感觉不到一丝温暖。蒋保黔刚刚下葬，尸骨未寒，家里到处还装饰着惨白的布饰纸饰，讨债的债主便成群结队堵在门口。

蒋保黔活着的时候，从没说过他曾经欠下过债务，突然冒出这么多的债主，让余曼贞招架不住，尽管她是一个坚强女性，但此时刚生完孩子，身体还很虚弱，从天而降的各种各样的巨额债务把她惊着了，她分辨不出真假，这些债务几乎都是口头协议，连张借条都没有，更何况蒋保黔已经不在了，没人对证这些债务的真伪。

债主几乎都是熟人，大多数还是族人，不还钱他们就三天两头来逼债，在这里抽大烟、喝茶水，到吃饭的时候，便毫不客气地坐下来大吃大喝。家里长期驻扎这一支讨债大军，余曼贞实在快要崩溃了，她举目四望，孤立无援，只能变卖家产去还债，那些精美的文玩家居饰品，那些华美的衣服首饰，那些田产，甚至包括那张丁玲最喜欢的带窗户的大床，都卖了，卖完之后，所有的银子都被他们瓜分了。

债主得了钱财后满足而去的丑陋嘴脸，让余曼贞觉得很反胃，她抱着襁褓中的幼子，说道："我丈夫还欠了谁的账？有账都来吧，我尽量还！还不清账我不会离开这个地方。"

讨债的走了，丁玲和妈妈、弟弟守在已经没有家的样子的房间里，当妈妈默默垂泪时，丁玲便用小手帮她擦去滚滚流淌的泪水，她发现，妈妈的泪水是擦不干的，擦去了还会接着流出来。

那个冬季是丁玲童年记忆中最寒冷的一个时节，冬日的阳光虽然也会如期而至，却没有让这孤儿寡母感觉到温暖，4岁的丁玲经常会坐在家门口发呆，尽管父亲活着的时候没有时间陪她玩耍，然而，他出来进去遇到自己时，还是会亲昵地摸一下她的小脑袋或者小脸。现在，这个小小的女孩连这点快乐都没有了。

熬呀熬呀，终于熬到了春天。

春天的阳光变得很温暖，小草发芽了。冬天见不到的小鸟小动物们又都回来了，小弟弟已经半岁多了，一逗便会咯咯乐出声，妈妈给他起了个名字，叫做“蒋宗大”，给丁玲也改了名字，叫“蒋伟”，比蒋冰之那个名字多了些阳刚气。母亲大约觉得不管男孩女孩，太阴柔了就会受气，她的孩子必须挺直腰杆阳刚起来，才能应对残酷的生活。

丁玲并不喜欢妈妈给她改的新名字，主要是她已经习惯了人们叫她过去的名字，其实蒋氏家族以及外婆家的人们也不习惯那个新名字，人们还是唤她蒋冰之。不过自从爸爸死了之后，族人们也很少和她们来往了，即使见到她们，也总是冷冰冰的，丁玲这个小小的女孩从小便对这些恃强凌弱的人没有了好感。

天气越来越暖，真正的春天到来了。妈妈开始收拾家中仅有的一些东西，告诉丁玲说，我们要搬家了。

搬到哪里去？

丁玲不喜欢这个地方，不过一想到要搬到一个陌生的新地方，她还是有些胆怯。

妈妈说搬到常德外婆家。

外婆家是丁玲小时候住过的，那时候她还不记事，忘记了住在那里的感觉。既然妈妈坚决要搬走，那个地方一定比这里幸福温暖。

她开始向往搬家了，憧憬着到了外婆家就可以过快乐美好的生活。

表哥未来的小媳妇

从安福县到常德，不过几十里的路程，余曼贞租了一顶小轿子，轿子上坐着他们母子三人，另外还有一些家当，用一辆马车拉着。妈妈余曼贞的脸上写满落寞，丁玲却沉醉在对路边景物的新奇感中，她们走过的地方有绵绵流淌的河流，河面上雾气弥漫，水里有大大小小的船缓缓行驶，船的种类很多，那种平头大尾的是白河船，那种穿梭自如的是麻阳船，那种气象不凡的船是洪江油船，还有随意行进在水中的桃源划子、木排、竹筏。

她还没有看够路边的景色，外婆家就到了。

外婆家在古朴沉寂的常德城西，离西大门不远，那里也有一片大宅院，只是总体规模要比蒋氏家族小得多。院子前面是起居的地方，后面有后花园和藏书楼，文化气息更浓郁一些。此时丁玲的外祖父已经过世，外婆跟着舅舅们住在这里，丁玲一家三口的到来并没有受到舅舅们的欢迎和重视，她们被草草地安排住下，唯有外婆满脸的喜色，让余曼贞心里多少有了些安慰。

父亲还未去世时，丁玲经常会跟着妈妈回外婆家住上几天，舅舅舅妈比这一次要热情得多。丁玲不知道的是，那时候余曼贞回娘家是省亲，这一次就不同了，寡居的女子还带着两个小拖油瓶回娘家长期驻扎，难怪人家的脸色不好看。命运到了这个境地，余曼贞是顾不上看人脸色的，如果连同胞兄弟的脸色她都要在乎，那么，世上就没有她的活路了。

这个家里住着丁玲的两个舅舅，其中，二舅余用久是清末的优贡。优贡不同于一般贡生，每三年各省学政任期届满时，就将本省生员择优报送国子监的，称为优贡，当时整个湖南省也不过数名优贡，也就是说二舅是个专业型人才，曾担任过云南华平知县。三舅余笠云和丁玲的爸爸蒋保黔一样是留日学生，和蒋保黔还是同学，担任过常德县劝学所所长也就是教育局长。舅舅们的文化素质都很高，对于回炉住娘家的余曼贞，他们不好明着说不让她在家里住，只能冷处理，冷脸冷眼的时间长了，说不定她就承受不了，回婆家去了。

他们想错了，余曼贞回来后，把孩子寄放在家里，自已却去常德女子师范速成班上学去了，她脱去宽大的清末女子装束，穿上城里女学生们中最时兴的服饰——滚着窄边的素色丝绸夹衫、黑色大褶裙子和白袜子。这身装扮惊到了众人，看上去她不是说着玩的，是真的打算去学堂上学了。她这个举动不但让娘家人瞠目结舌，包括得知消息后的蒋家族人，都惊呼看不懂，以为这个女人一定是在丈夫死后精神上出了毛病，不正常了，别忘了她已经31岁，在那个时代就属于半老徐娘。一个半老女人还读什么书？

妈妈去学堂读书了，丁玲像小件寄存一般寄住在舅舅家中，弟弟则由女佣看管着。5岁的女孩本该天真烂漫，她却学会了看别人的脸色说话做事。她乖巧聪颖、美丽可爱，会背诵唐诗宋词，会读《古文观止》中的一些名篇，这是妈妈教她的，这个院子里别的孩子不会这些。舅舅和舅妈不高兴的时候，她就悄悄避开他们，一个人到后花园去玩。园子安静雅致，收拾得非常整洁，那里常年有无数盛开的小花，而临园还有一个高大的藏书楼，飞檐翘角、古意悠悠。

舅舅家有一个比她年龄稍长的表哥，叫余伯强，他们总能快快乐乐地玩到一起。外婆觉得这两个小孩很般配，本着肥水不流外人田和亲上加亲的原则，她在临终前亲自做主，将丁玲许配给余伯强。

丁玲对小表哥并不反感，但她不喜欢表哥的爸爸妈妈，也就是她的三舅舅和三舅妈。舅舅似乎永远不会笑，无论对待下人，还是对待丁玲，他从来都是一脸严肃，威严慑人。舅妈长得很漂亮，她比舅舅爱笑一些，却总是表现出一脸让人看不懂内容的笑，她笑着讽刺丁玲姐弟，比冷着脸骂他们还让人难受。

自从有了这桩包办婚姻，丁玲住在舅舅家也就更加名正言顺了，但因为她是余家未来的儿媳妇，舅舅决定把她打造成一个合格的儿媳妇，所以用封建传统严格约束她。她不快乐，整个白天都不快乐，就盼着夜晚快快来临，那时妈妈就下课回家了，她可以躺在妈妈温暖的怀抱里听故事。妈妈会讲水帘洞、托塔天王的故事，还会讲许许多多好听的故事，这些故事常常把表姐妹们也吸引了来，一群小女孩聚在一起，一同听妈妈讲，这个时候是丁玲最骄傲最开心的一刻。

舅舅家的孩子们都上幼稚园和小学了，妈妈不想让丁玲输在起跑线上，她让女儿进了常德女子师范的幼稚班，这样，娘俩就可以一起上学，一起放学回家了。

余曼贞在常德女子师范学校结识了几个好姐妹，其中有一个就是后来成为革命家的向警予，这些好姐妹中，余曼贞最大，向警予排行第九，余曼贞管她叫九妹，丁玲则叫她九姨。余曼贞住在县城，这些女同学便会经常到丁玲舅舅家聚会，她们聚在一起讨论的话题丁玲根本听不懂，都是关乎国家大事、妇女解放之类的。余曼贞母子住的房间不大，这些女子便坐在后花园青花白瓷的圆凳上神侃，她们的到来是丁玲最快乐的时刻，当她们谈论着男女平等、教育救国，丁玲就在花丛间捉蝴蝶，偶尔会摘一些各种花色的小花悄悄簪到她们头上，让那严肃的氛围顿时活跃起来。

姐妹们说："这孩子长得很俊呢，将来一定能寻到好男人。"

余曼贞说："她已经许配给人了，就是她三舅家的表哥。"

大家不以为然，特别是九姨向警予，对丁玲的包办婚姻打抱不平，她质问余曼贞："大姐，你口口声声说妇女解放，还给女儿包办婚姻?"

余曼贞无奈地说："这是老太太活着的时候亲手包办的，我又能如何?"

"解除婚约啊。"大家异口同声。

丁玲并不懂得她们在说什么，但是听出来她们谈论的话题与自己有关，她感觉很温暖，自从那个时候起，她对自己的包办婚姻开始反感。

住在舅舅家，平时还好，到了年节，就感觉出了落寞。

嫁出去的闺女泼出去的水，你根本就不再算是这家的人，过年过节不回婆家还赖在娘家不走，娘家兄弟不轰你走就算是给面子了，人家不带你玩，你一点脾气都不该有。舅舅一家欢欢乐乐过大年，丁玲姐弟和妈妈只能默然地待在自己的那片小天地里，听着外面热闹的鞭炮声。表哥表姐们都得了压岁钱，到丁玲面前炫耀，她随着他们去那边玩耍，堂屋里红木方桌已经摆好了，仆人们正忙着往上面搭红毡子，舅舅手里抓着大捆钞票，他们酒足饭饱，准备耍钱了。

丁玲在门口远远看着，没敢走近，她从来没见过那么多的钱，里面的气氛和他们居住的清冷小屋形成强烈的对比，人生冷暖却有如此大的反差，她悄悄退出去，重新回到居处陪伴妈妈和小弟弟，乖巧地哄着弟弟玩耍，她知道，那边的喧嚣和欢笑不属于他们，他们不过是寄人篱下的外人。

余曼贞在常德女子师范学校还没结业，她们那个班便停办了，她不甘心就这样辍学，和向警予等诸姐妹们转到了省立第一女子师范学校继续上学，丁玲恰好到了该上小学的年岁，就跟随妈妈进入女师小学部读书。

日子越过越拮据，余曼贞手头已经没有多少剩余的钱了，丈夫死后，她把家中的那点产业变卖掉，大部分还了莫名其妙的债务，剩下的这几年也花得所剩无几，她的经济条件已不足以支撑她完成学业。一九一三年春天，余曼贞中途退学，到桃源教书，一方面为了贴补家用，另一方面也为了实现自我价值，一直到两年多之后才回到常德，在常德县立育德女校担任管理员。

妈妈离开常德的将近三年间，丁玲和弟弟真的变成了小件寄存，他们的生活起居，他们的一切都要靠舅舅家负担，寄人篱下的孩子，不管人家给他们什么样的脸色，他们必须承接着。舅舅舅妈虽然不高兴，也不好把他们赶到大街上去，一则作为亲舅舅亲舅妈，帮着姐妹管管孩子也是应当的；二则丁玲还是他们家未来的儿媳妇，不是外人；三则余曼贞多少也留着点钱。好在家里有许多丫鬟仆人，孩子完全交给他们就是了，跟着下人们吃，跟着下人们住，也费不了多大事。

舅舅对待丁玲姐弟一脸威严，对待下人，脸上更是冷若冰霜，森严的家庭等级让这些处于下层的人们常常感觉非常压抑。如果仅仅是脸色上的虐待也就罢了，舅舅和舅妈在言语上对待这些人也是另一种腔调，那种责骂的刁钻言词是专门为丁玲和那些丫鬟仆人预备的，冰冷刺骨的专用言词深深地刺痛了大家的心。丁玲时常会看到有丫鬟在角落里偷偷啜泣，但是，丁玲从来不哭，听到多不顺耳的话她都不会落泪，她虽然年幼，却知道自己必须坚强，泪水拯救不了自己，艰难的生活不相信眼泪。

丁玲那次流泪是为了年幼的弟弟蒋宗大，弟弟从生下来身体就很弱，这些年妈妈东奔西走又是上学又是教书，根本顾不上他，10 岁的蒋宗大看上去像是五六岁的孩子，春天，他得了风寒，不断发烧咳嗽，很长时间都高烧不退，请了几个郎中吃了很多药也不见效，在一个春寒料峭的夜晚，这个可怜的孩子走完了他短暂的人生之路。

那天，丁玲陪着妈妈哭得死去活来，这是她相依为命的弟弟，从此这个世界只有妈妈一个亲人了，弟弟走了。

舅舅家的人们来劝这对泪涟涟的母女，但劝人的话也让丁玲听着不顺耳，他们说："为什么死的是儿子呢。"姨妈的话更为直接："要是冰之死了也好一点，要她女儿家又有何用呢!"这话并没有避着丁玲，她真真切切听到了，其实她自己就是这么想的，但是别人这样说出来，她觉得很不舒服。

在亲戚们的心目中，弟弟作为男孩比丁玲这个女孩子重要得多，她暗想，自己不但要慰藉妈妈失去儿子的悲伤，还要填充上弟弟在妈妈心目中的位置，妈妈只剩下自己一个孩子了，虽然只是个女孩子，将来不能比男孩子差。

一晃小学就毕业了，丁玲以第一名的成绩考入桃源省立二师预科班读书。

秋天，学校开学后，她成为桃源省立第二女师的新生，桃源离常德九十里地，她坐着小火轮来到这个紧临沅江的学校。从此，她可以住校了，也就是说终于可以离开舅舅的家了。住校的第一个晚上，丁玲兴奋得一夜难入眠，一切都是陌生的，一切都是新鲜的。几个女孩子住在一间学生宿舍，秋夜已深，窗外秋风瑟瑟，江水缓缓流淌，别人都已经入睡，她还独自激动着，睁大眼睛望着漆黑的夜，她有些想念春天死去的小弟弟了，她离开家的时候，曾经到弟弟的坟前去了一次，她告诉弟弟，姐姐是在替自己上学，也是在替弟弟上学。

入学刚刚半年多，“五四”运动爆发了，丁玲和她的同学们感觉天地间突然变得如此新奇，她和大家一起投入到运动的洪流中。

她们听说，京城那些女学生们都剪掉了发辫，留着齐耳短发，省城的女学生也开始流行剪发了，同学们一商量：她们剪了，我们也剪。

女师六十多个女学生，一夜之间齐刷刷全部剪掉了长长的大辫子，变成齐耳短发，其中也包括丁玲。

短发的丁玲更显俊美，一身学生装，配上在当时已经成为时尚的发式，这个清纯秀美的女学生无论走到哪里，都给人眼前一亮的感觉。她和同学们一起上街游行演讲，参加学生会举办的贫民夜校，在夜校里她负责教珠算课，虽然年龄最小、个子最小，教起课来却非常认真负责，夜校的那些学生都是成年人，他们管这个大眼睛的小女孩叫崽崽先生。

暑假开始了，学校放假后，同学们陆续回家，丁玲也只能回到舅舅家里。

一进家门遇上表哥，表哥看到她新剪的短发并没有感觉到诧异，他们学校的一些女生也剪了头发，现在女生留短发比梳辫子时髦，相比之下，他倒是更喜欢短发的小表妹。舅舅和舅妈看不惯丁玲留短发的样子，舅妈有心计，只是冷眼看着，不说话，舅舅却忍不住了，质问外甥女："你的辫子呢?"

"剪掉了。"

"哼！你真会玩，连个尾巴都玩掉了！谁允许你剪发辫了?"

"我的头发，想剪就剪，还要谁来允许吗。你的辫子不是早就剪掉了吗？你既然能剪发，我为什么就不能?"

舅妈帮着舅舅训斥她："身体发肤，受之父母，不可毁伤。"

丁玲望着舅妈在阳光下熠熠发光的耳坠和脚上那双三寸金莲，反驳她："既然不可毁伤，舅妈的耳朵为何要穿眼，脚为什么要裹成那个样子？你那是束缚，我这是解放。”

舅舅被她驳斥得哑口无言，舅妈则张大嘴愣在那里，因为这些年，这个柔弱的小女孩从来没敢这样和他们说过话，刚刚上了不到一年的中学，就变成这样了，这种伶牙俐齿、不听话不着调的女子，将来怎么能当好他们的儿媳妇?

他们愣在那里生气的当口，丁玲转身出门了。她已经长成苗条婀娜的少女，短发一甩，样子好看极了，表哥发现自己未来的小媳妇越来越好看了，他自言自语地说：“我觉得表妹留短发很好看。”

舅母怨儿子目不转睛地盯着丁玲远去的身影，又怨他替丁玲说话，忿忿地对儿子说：“你这个没出息的东西，女人不打上房揭瓦，不管教好将来怎么娶回家做媳妇?”

“可是，我们学校的女生现在都这样。”

青春，因叛逆而别样

离开舅舅家，丁玲并没有走远，走远了也无处可去，她是到附近的一所学校找妈妈，余曼贞已经辞去省立女子高小的管理员职位，现在办了一个妇女俭德会附属小学。丁玲见了妈妈并没有提起刚才的不愉快，在她看来，告诉妈妈这些事情没什么意义，更何况她早就见怪不怪了。

见到久违的妈妈，丁玲自然很高兴，这份快乐冲淡了刚才的不愉快，她很快就把舅舅嘲笑自己剪辫子的事情忘却了。

舅舅的反对让丁玲更加坚信自己是对的，在她的心目中，舅舅就是顽固不化的封建残余代表，只要是他反对的，就一定要坚持。

在湖南的中学里面，长沙周南女子中学是名校，是许多女孩子梦寐以求的地方，妈妈的闺蜜向警予就在那里上过学，丁玲的一些同学假期后也要转到那里去上学，她们写信邀请她和她们一起去，丁玲有些动心了。只是那是一所私立学校，对于一般家庭来说，学费、膳宿费、书籍纸张费加到一起，是一笔沉重的负担，去年秋季在桃源县第二女子师范学校入学时，学校要求缴纳的保证金，还是妈妈托女管理员变卖了一枚金戒指才交上的，如果向妈妈提出转学到长沙周南女子中学，显得她这个女儿太不懂事。整个暑期，丁玲都是心事重重的，她不好提出转学的要求，却又被那所名校撩拨得安不下心来。

暑假快结束了，离开学不过数日，在一个宁静闲适的夜晚，丁玲和妈妈坐在院子里聊闲天，这时她突然听妈妈说：“你觉得桃源女师怎么样?”

“很好啊。”

“那么周南女中呢?”

丁玲一惊，感觉自己的心事被妈妈看穿了，她低声说："我们有许多同学转到那里上学了。"

"你是不是也想去啊，如果想去，妈妈支持你。"母女连心，这段时间丁玲心事重重的，余曼贞从侧面了解到，女儿的几个同学下学期准备转到长沙周南女子中学读书，为了女儿的前途，余曼贞宁肯继续缩衣节食。当年在蒋家老屋变卖的钱财现在已经分文没有了，所有的生活支出要靠余曼贞教书获得的微薄薪金，再凑凑，再挤挤，日子总能过得下去。

暑假一结束，余曼贞立即为丁玲办了转学手续，并为女儿准备了一个木质小行李箱，在里面装满她上学用的东西，这里不是常德，也不是桃源，长沙离家三百六十里，回家一趟不容易。漫说是 15 岁的丁玲，就是她余曼贞长到了四十多岁，还没出过这样的远门。

在妈妈的亲自护送下，丁玲第一次走出湘西，来到省城长沙。妈妈把丁玲托付给了她的一个同学陶斯咏，也就是号称"江南第一才女"的陶毅。陶斯咏高挑白皙，是丁玲见过的最美丽雅致的女子，看上去二十四五岁的样子，属于气质型美女。她很和蔼，不知为什么却总让人感觉她身上有一种无形的气场，仿佛有一种凌然不可侵犯的傲气，让一般人不敢接近。

周南女子中学位于今天的湖南省长沙市开福区北正街，

早年间曾是明室后裔、著名教育家朱剑凡的园林——蜕园，那是一座苏州园林式宅院，景色非常秀美，曲径通幽。门前是通泰街，屋后是花园，园中有奇石叠成的假山，有清水盈盈的池塘，塘中停泊着石船，水上架着石拱桥、长桥，湖心亭被绿茵茵的荷叶衬托得更加雅致，初秋时节，这里的风景是最佳的，丁玲一到这里，就喜欢上了这个充满诗情画意的地方。

在这里，丁玲的文学潜质一下子被激活了，她得到国文老师陈启明的教育和赏识。陈启明是毛泽东在湖南第一师范的同学，这个国文老师和过去那些教国文的不一样，他在课堂上会经常弄一些课本之外的杂志报纸给学生读，那些杂志和报纸，他早已看过，上面被他用红笔画得圈圈杠杠的。国文课成了丁玲最喜欢的一门功课，过去，她并不怎么喜欢国文，她的文言文成绩一直平平，但陈启明给学生辅导的都是白话文，新小说、新诗让丁玲觉得那般新奇，她喜欢这种新式语言方式，她读了，也试着写，诗歌、散文、小说都尝试过，有两首小诗居然刊载在陈启明等编辑的《湘江日报》上。

这两首稚嫩的小诗是丁玲文学生涯的起点。

毫无疑问，陈启明成了女孩子心目中的男神，他灌输的新思想让她们看到了与过去不一样的新天地，但这样的激进人物学校是容不下的，因为思想“过激”，在丁玲到周南女中读书一个学年后，陈启明被学校解聘。学生们提出抗议，抗议当然是无效的，校方不但无视那些无足轻重的抗议之声，甚至禁止学生参加社会活动。

一些同学为陈启明打抱不平，她们愤然离开这所学校转到别处，这些转学的女生中包括刚刚在这里读完二年级的丁玲。

同学们大都转学到了岳云中学，丁玲也一同去了那所学校。

岳云中学的环境并不比周南女中差，学校坐落在衡山南麓，校园内的环境也很雅致，不过，这是一所男子中学，兼收一些女学生。丁玲和同学们习惯了都是女生的环境，乍一来到男女混合的学校，她们还有些不适应。在岳云中学上了一个学期，这些从周南女中转过来的女生发现，这里的教学更让她们适应不了，她们觉得在这里学不到她们想学的东西，就准备退学自修。

丁玲的中学生涯一共才两年半，却辗转三个学校，寒假到了，那些周南女中转学的同学基本上都退学，丁玲不知道退学后剩下的学业怎么办，所以暂且回家过寒假，下学期究竟怎么办，等想清楚再做决定。

从丁玲身上，余曼贞看到的是年轻时的自己，她其实也不愿意女儿这样不消停地折腾，希望她安安静静地读完中学，但是，当丁玲把学校的情况说给她听的时候，余曼贞默默地听着，她觉得女儿已经长的足够大了，许多事情她自己可以做主了。

湘西的冬日潮湿阴冷，快过年了，丁玲陪着妈妈到街上买年货，虽然手头不宽裕，但年货多少也要买上一点，配合一下节日的氛围。街上年节的气氛已经很浓，让寒冷的日子添了几分温度。不经意间一回头，丁玲发现一个熟悉的身影，恰好，那个女子也正蓦然回首，四目相对，两个人相视而笑。

“冰之，你回家过年啊?”那个女孩子和她打招呼。

“王剑虹，你也回来了?”丁玲快乐地挤到她身边。

“是啊，是啊，我们都回来啦，多好啊。”两个女孩子拥到一起，她们是桃源女子师范学校的校友，王剑虹年级比丁玲高，因为都来自常德，两个人在桃源女师的时候便成了好朋友。那时节，高年级同学王剑虹是学生运动的领头人，丁玲积极参加她们领导的学生运动，是个小积极分子，她一直很佩服这个学姐。王剑虹比丁玲大三岁，在桃源上学时比丁玲个子高一些，但经过一年多的时间，丁玲的个头又长了不少，明显比王剑虹高了。

王剑虹现在要仰着头才能看到丁玲的眼睛，她笑着说：“妹妹长高了。”

“姐姐更漂亮了。”

两个女孩子寒暄着，就说起寒假后上学的事。王剑虹说，开学后她要继续去上海求学，那里有个平民女子学校，是陈独秀、李达等人创办的，不但节省学费，还能学到许多新知识。

丁玲被她说得有些心动了，她也想走出湖南，到上海、南京那些大城市见见世面。

回到家，她同妈妈说起想去上海上学的事。

余曼贞沉默了一下，她并不想阻拦女儿，她觉得孩子应该有个更宽阔的天地，飞得更高更远。她这一生已经错过了许多次机会，不想让女儿也步自已的后尘。只是，丁玲的三舅这两天同她提起要为两个孩子完婚的事，她在考虑怎样和他解释，既不伤亲戚情面，又能遂了丁玲的意愿。

事情到了这个地步，倒不如实话实说。余曼贞直截了当，告诉兄嫂：“冰之过了年要去上海读书了。”

三舅妈虽然震惊，却表现得见怪不怪，她冷眼看着丈夫，有些话她不便说，要让丈夫去说，人家是亲兄妹，说轻说重都没关系。

果然三舅暴跳如雷了：“去上海？一没亲戚，二没朋友，身边没有大人，怎么能单独放她出去呢，你知道上海是什么地方吗？十里洋场、花花世界、灯红酒绿，女孩子去了很容易学坏的。”

余曼贞平静地说：“孩子到上海去上学，不是去学坏，她是去寻找自己的梦想，趁着年轻就让她出去闯荡闯荡吧。”

“你在外面闯荡了这些年，闯荡出什么名堂来了？她明年就 18 岁了，暑假时中学毕了业，就该回来和伯强成亲了。”

“成亲的事还要和孩子们商量，现在不比过去，都在讲妇女解放，这桩包办婚姻还是要征求孩子们自己的意见的。”

“还征求谁的意见，母亲在世的时候给他们订的亲，连母亲的话你都不听了吗？”

“母亲订的包办婚姻，为什么不能解除？”

“就是不能解除，你想没想过，如果解除了，我们余家的脸面往哪儿放？”

余曼贞无语，心事重重地回到她们的居处。丁玲一眼就看出妈妈的心事，便问道：“舅舅又在说结婚的事了？”

“舅舅也是为了你好。”

“才不是呢，如果他为了我好，早就把婚约解除了。并不是表哥如何不好，我就是不能屈从这种封建包办婚姻。”

丁玲说得很坚决，她决定亲自去找舅舅和表哥说清楚。她壮着胆子向舅舅提出和表哥退亲，舅舅自然不同意，表哥则表示强烈反对。

三舅说："婚事不能变，上海也不准去，在这个家里，我说了算，我的话就是金科玉律。"

"皇帝都被推翻了，他的话都不是金科玉律了，你比皇帝还厉害?"

丁玲口齿伶俐，三舅被她彻底激怒了，他手脚发抖，连呼世道变了，不成体统，让丁玲滚出他们余家大门。

丁玲说："滚就滚，你以为离开你这里我活不了啊。"

她走出舅舅家，直接到王剑虹家去找这个学姐，在舅舅面前没有流泪，在妈妈面前没有流泪，在学姐面前，丁玲怀着满肚子的委屈，一下子便忍不住泪如泉涌。王剑虹安慰她："这算不了什么，不就是解除婚约吗，写一篇文章往报纸上一登，你舅舅就会乖乖地把婚约解除。"

"没那么简单吧。"

"你把问题想复杂了，就这么简单。"

一篇解除婚约的檄文对于两个才女来说算不得什么，她们片刻便拟写出来了，这篇文章不但提出解除婚约，还捎带揭露了三舅欺压她们母女和用人的一些事情。两个人拿着这篇稿子来到《常德民国日报》报社，但由于三舅是常德的知名人士，大家都认识他，编辑看了她们指名道姓指责这位常德名人的稿件，摇摇头说：“这样的稿子不能登。”

王剑虹显出很见过大世面的样子对编辑说：“你们如果不登，我们就去上海登，连你们报社一同写进去。”

编辑没想到这两个小姑娘如此难缠，怕她们真的把他们报社写出来登到上海的报纸，便请示总编怎么办。

总编回复，登吧，但是舅舅的名字不能登出来，要改成一个化名。

虽然只是化名，明眼人一看就知道那篇文章写的是谁，这篇文章让舅舅丢尽了脸面，婚约当然顺理成章解除了，这个女孩子大胆的婚恋观从这个时候就显露出来。舅舅应当庆幸，应当感谢丁玲当初的决断，幸亏丁玲没有和表哥结婚，否则也是一出婚恋悲剧。

舅舅当时是想不通的，文章见报之日，成为两家亲情断绝之时，余曼贞母女再也无法在舅舅家居住了，春节一过，她们便搬出杨家牌坊舅舅家，先是借住在余曼贞教学的学校里，后来寄住到忠靖庙街六号的一个好姐妹的家里。丁玲寒假后离开常德去上海，剩下妈妈一个人，以后的很长时间，余曼贞就住在那里。

第二章　世界很大，我想去看看

她从来都不是一个安于现状的女子，她渴望成长，渴望见识不一样的天地，所以，当同龄的女孩选择相夫教子时，她踏上漫漫求学之路。无论是上海，还是北平，都有她的足迹。她用行动诠释了，一个人的心有多大，路就有多远。

上海，一个新的起点

寒假一开学，王剑虹就去了上海。

到了上海平民女学，把一切安顿好之后，她马上给丁玲写信。接着，丁玲在一个初春的日子从家乡启程，奔赴她梦想中的理想生活。

王剑虹亲自到车站来接丁玲了，她一身素雅的学生装，站在依然寒冷的春风中，那娇小的身材给人弱不禁风的感觉，她大概在风中站了很久了，一看到丁玲就远远迎过来，并伸出手。那只纤秀的素手有些凉，但是丁玲依然觉得有一股暖流在身上流过，在举目无亲的大上海，有这样一个同乡兼校友，她就不再孤单了。

严格地说，王剑虹并不是丁玲的同乡，她是四川酉阳龙潭镇人，而且是土家族，从小和母亲在家乡生活，父亲王勃山在外面闯世界，很早就是同盟会会员，后来任孙中山广州国民政府秘书。小时候，父亲很少回家，她在故乡上小学，一年也见不到父亲一两次。小学毕业了，王剑虹想跟随父亲到外面读书，又放心不下一贯体弱多病的母亲，却没想到，母亲在她 12 岁那年病情加重，撒手人寰。

革命党人王勃山那时节还一心想着干大事，动荡的生涯让他无法把女儿带在身边，便把她送到了湖南常德姑妈王醒予家寄养。

王剑虹还没来得及考虑是不是到姑姑家去，就被父亲送到了湖南常德。

在那座湘西小城，说着一口浓重四川话的少女王剑虹显得与众不同，她不但口音怪怪的，人也不太合群，小小年纪失去了母爱，使她性格孤傲而敏感。然而，五四运动爆发后，这个性格怪僻的女孩子突然像是变了一个人，她满腔热情地投入到学生运动中，成为桃源县女师的学生会领头人物，她操着一口四川话口若悬河地上台演讲，她的演讲煽动性很强，大家这才发现，王剑虹原来还有如此才能。这个才能是天生的，是父亲遗传给她的，平日里显现不出来，一旦遇上合适的土壤，便会开出花来。

在演讲台上的王剑虹激情四溢，有点女汉子的感觉，但是她安静下来的时候，却是娴雅静美的。静若处子，动若脱兔，用来形容她再好不过了。丁玲当初最欣赏王剑虹的就是她的这种不同于凡人的个性。当然，丁玲也是有个性的女孩子，而且，她的性格与王剑虹很像，两个女孩子后来之所以能走近，并成为闺蜜，与她们相似的个性有很大关系。

学校在南成都路辅德里，丁玲对上海完全陌生，由王剑虹引领着来到学校驻地。

王剑虹指着前面一栋石库门里弄房子对丁玲说：“到了。”

“就这里?”

“是啊，就这里。”

丁玲之所以发出疑问，大约是觉得这个地方实在不像学校的样子。她在长沙上学的时候，那里的中学环境都是非常优美的，她曾经设想，到大上海这样的国际大都市上学，学校环境怎么也不会比长沙差吧，没想到校舍却是这般简陋。

在丁玲张着嘴巴惊讶的当口，从学校门口走出一个眉清目秀、穿着长衫、戴着眼镜的斯文男子，王剑虹迎上去和他说话，并向丁玲介绍："这是李校长。"

"校长好。"丁玲恭敬地对校长鞠了一躬，暗想，学校虽然看起来简陋点，校长倒是蛮像个青年才俊的样子，这个传说中的湖南乡党李达，还是蛮英俊潇洒的嘛。

校长李达对丁玲微笑着点了点头："你就是蒋冰之同学吧，欢迎欢迎。"

王剑虹说："蒋冰之同学被安排到了高级班，我帮她安顿一下住处，稍后就带她去登记报到。"

丁玲跟着王剑虹走进那座楼，路过一楼时，丁玲透过门窗看到，一楼的一个房间内，有些女子在埋头做绣品，丁玲悄声问："她们也是学生吗?"

王剑虹点点头："初级班的。"

"她们看上去年纪好大呀。"

"就是长得显老，其实没你想的那么大。"

“哦。”

丁玲闭上嘴巴，默默随着王剑虹来到楼上的厢房，那里是学生宿舍，正是上课时间，宿舍里空荡荡的，里面已经住了一些人，看上去住宿的人不是很多，王剑虹解释说，这所学校一共就30个学生，分成初级和高级两个班，所以一个班也就是十几个人。

“就这么几个学生啊?”丁玲有些失望，整个学校的学生加到一起，比她过去在长沙的时候一个班的学生都少。

“这里的学生都是半工半读，除了读书还从事革命工作。”

丁玲对革命工作很有兴趣，当初她之所以放弃长沙到上海，也是因为这所学校的革命性质对她比较有吸引力，要革命就不能像一个娇小姐，她好奇地打量着这个宿舍，把自己随身携带的小木箱放到王剑虹床铺旁边。

学校是共产党创办的，是专门培养妇女干部的平民女校，校舍确实有些简陋，共产党刚刚成立，经费还很紧张，李达用自己的稿费支付每月五十元的校舍租金，课堂上用的桌椅板凳是黄兴的夫人徐宗汉捐助的。徐宗汉是妇女运动的先驱，当时是上海中华女界联合会负责人。

这30个女学生年龄有大有小，小的十一二岁，大的三十多岁，像丁玲这种即将中学毕业的在这里算是文化程度最高的，她们在楼上居住上课，在楼下吃饭和做工。高年级女生大都是有些小资背景的，学历比较高，读书上课的时间多一些。低年级的则是年龄大一些的工农出身女子，来学校前基本属于半文盲，她们一般是半工半读，上午上课，下午做一些缝纫、摇袜之类的手工活。

虽然是工读学校，课程一样也不少，请来的教师也都是高水平的，都是名校的老师义务来客串讲课，陈独秀、李达、陈望道、沈泽民、张太雷、恽代英、刘少奇等都曾在学校任课或者作过政治报告，被这些革命家亲手培养出来的学生，每一个都不会差到哪里去。

这里的生活是崭新的，许多道理都是丁玲过去没有听到过的。

王剑虹是上海中华女界联合会筹备委员会的成员，她有时候会让丁玲帮她校对女界联合会的《妇女声》周刊，还带她参加过一次沪东纱厂的妇运活动。最初，丁玲是带着好奇心参加那些活动的，当她懂得了一些道理，准备有意识去做一些有意义的革命工作时，一九二二年秋后，因为李达和夫人王会悟离沪，也因为经费等等诸多问题，上海平民女学停办了。

在这所学校上了一年学，丁玲已经喜欢上这里了，学校却停办了。

寒冷的冬日，校舍里已经人去楼空，原来总是欢声笑语的宿舍里，现在只剩下她和王剑虹在默默收拾行装。其实她没什么可收拾的，不过就是那个随身携带的小木箱。

就这样回常德吗？连一纸毕业证都没有，这样回去能做什么？

自从接触到共产党的革命理论，她已经渐渐被红色理论所吸引。从小在封建家庭长大，正统的环境让她觉得压抑，但在这里，她感悟到自由平等的可贵，她骨子里是叛逆的，她还不想回家，想在外面继续做一些有益的事情。

王剑虹和她的想法是一样的，她们一拍即合，决定到南京去寻求发展。

两个女孩子都没有去过南京，在一个飘着零星雪花的寒冷日子，她们来到南京。

南京的冬季似乎格外冷，比湘西冷得多，比上海好像也要冷一些，雪花细细弱弱的，落到身上和地上便溶了，两个人只有一把油纸伞，挤在伞下，只能遮住半个身子。

六朝古都确实有许多可玩的地方，但她们眼下是顾不上游山玩水的，两个人把全部的资产凑到一起，发现刚够她们租一个月房子的。

两个陌生青年女子，找工作不是件容易的事，为了活着，一些技术含量不是很高的工作也不得不压低身段去做，比如当用人、当卖花女。两个漂在南京的女孩子一直在寻找着机会，王剑虹一直没有和党组织失去联系，她们渴望继续为党组织做些工作。

有时候，她们整天找不到事情可做，实在无聊的时候，两人便把一件披肩拆了，织成其他物件，毛衣、手套、围巾之类的。织好的毛线活拆了又打，打了又拆，在拆线、缠线、织线的重复手工劳作中，两个女孩子苦中作乐。好在她们互相陪伴，不过，这种失落、忧伤的情绪还是会延续到找到事情做的时候。

夏天，团中央书记施存统到南京来了，他从北京来，这次来南京是为了筹备中国社会主义青年团第二次全国代表大会。在上海平民女校的时候，施存统教过课，年龄比王剑虹和丁玲大不了多少，所以他们属于亦师亦友的关系。两个女孩子不忙的时候就到施存统那里帮着抄写文稿，整理文件，偶尔也会邀请他到她们租住的小窝里闲坐。

中国社会主义青年团第二次全国代表大会于一九二三年八月在南京东南大学召开，一共有三十多名代表，这些参会代表里面，有一些是丁玲和王剑虹在上海平民女校时见过面的，虽然两人没有参会资格，见不到他们，但一想到这么多朋友云集南京，心里的感觉还是很不一样。

会议已经开了两天了，闲来无事的夏夜，两个女孩子躺在床上，便谈论开会的事。

王剑虹说："听说各省都有代表参会呢。"

"咱们湖南的代表是哪一个呢?"丁玲瞪着大眼睛好奇地问。

两个人正闲聊着，笃笃的敲门声把她们惊得从床上坐起来，两人四目相对，谁呢？她们立即穿戴整齐开了屋门，灯影中门口站着三个青年男子。

最前面的那一个是施存统，后面有一个人也是她们熟悉的，在平民女校时就已认识的柯庆施，在团中央工作，另外一个看上去很陌生，瘦高个头，进了屋子坐到床上，才看清这个陌生人戴着一副圆眼镜。施存统介绍说："这位是瞿秋白，上海大学教务长和社会学系主任，是来南京参加团的二大会议的。"

瞿秋白在两个美丽的女生面前，表现得很有分寸，他没有多说话，只是适时插上几句话，让两个小美女听出了他的口音是在这一带很普遍的那种南方官话。他说这仅有的几句话时，是机警俏皮的，看女生的目光也微波不惊，非常斯文睿智。

有了这次接触，王剑虹和丁玲便与瞿秋白成了半个熟人。

会议安排得不紧张，晚间闲来无事，施存统带着瞿秋白遛弯遛顺了腿，就又来到两个女孩子的住处。

一回生，两回熟，这次谈论的话题就宽泛了，从政治谈论到文学。她们说最喜欢的是托尔斯泰、普希金、高尔基的作品，恰恰瞿秋白就是刚从苏联回来的，谈论俄国文学是他的强项。

谈话中，瞿秋白发现，那个个子高一些的女孩子更多一些文学浪漫气质，那个小巧玲珑的女孩子看似很强势，其实骨子里是柔静文弱的。他对这两个女孩子都有好感，这种好感或许只是来自于有个性、有特色、有才气的异性对他的吸引，毕竟，在那个时代，像这样人格独立、思想独立、观念独立、经济自立的女性是凤毛麟角的，更何况她们还那样青春美丽。

谈完文学，便会谈一些与生活更贴近的人生，两个女孩子的人生经历其实还很简单，除了上学，就是当下漂泊不定的生活，她们的日子过得很不易，但是很快乐。

瞿秋白听着她们调侃，插言说："你们难道不想继续上学吗?"

"继续上中学吗?"丁玲反问。

"我们不想再上中学了。"王剑虹口气看似很坚定，底气却不足，有些无奈的幽怨。

“你们想上一辈子中学啊，我是说上大学。”瞿秋白用南方官话打趣，却又不像是玩笑。停顿片刻，他接着说：“建议你们到上海大学去上学，上海大学培养年轻党员，还可以接触到一些在文学上有修养的人，你们不是喜欢文学吗，就到文学系听课。”

施存统摇摇头，对瞿秋白说：“我觉得还是社会科学系比较好，上海大学是国共联合办的，社会科学系由共产党负责，你和邓中夏负责这个系，有蔡和森、萧楚女、张太雷、恽代英、沈雁冰那么多好教员，她们两个过去在上海平民女校上过学，可以很快适应那个系的教学。”

瞿秋白歪头默默看着她们：“还是你们自己做决定吧。去了文学系，也可以到社会系自由听课，学到一点社会主义，选择权交给你们自己啦。”

施存统和瞿秋白走后，她们兴奋得一夜没睡。

王剑虹倾向于去社会系，她对那个主管社会系的瞿秋白有一种莫名的好感。丁玲却想去文学系，她的理由是，哲学太深奥，不如学文学顺手，如果在文学系读书，然后到瞿秋白掌管的社会系自由蹭课，便是一举两得。

王剑虹觉得丁玲这个方案更缜密可行，于是，那个夜晚，两个女孩子做出了她们人生中又一个重大决定：去上海，到上海大学中国文学系读书。

瞿秋白与闺蜜的爱情

告别了南京，上海大学一开学，王剑虹和丁玲便来了。

她们已经在上海生活学习过一年，对于这座城市不陌生，但是，上海大学的校址闸北青云路青云里却从来没去过。

按照瞿秋白留下的地址，找来找去，她们终于在城郊结合部一个小弄堂里找到了一座老式石库门楼房，那里的两层楼加到一起也不过十余间房子，不远处就是大片的荒地，正是夏秋之交，荒地里不算太荒芜，长着各种绿葱葱的杂草，间或有零星野花摇曳期间，这条件，比她们过去的上海平民女校看起来还要差一些。

丁玲怕她们找错了地方，想找个人再问问。

王剑虹拦住她："不用问了，这不挂着学校的牌子吗，不会错。"

是的，石库门楼上堂而皇之地挂着"上海大学"的牌子，有学生模样的青年出出进进，他们的胸前都别着一枚校徽，上面是海上红日东升的图案，图案的中间嵌着"上大"两个字，没错，这里就是她们要找的地方。

在一间简陋的办公室，她们找到瞿秋白，貌似整所学校就这一间办公室，里面没有一件像样的办公设备，在一张办公桌上还写着“东南高等师范学校”的字样。瞿秋白一袭素色衣袍，比在南京见到时更显儒雅帅气，对于王剑虹和丁玲的到来，他似乎特别高兴。

一见到瞿秋白，丁玲就像是见到了久违的亲人般，把手中的小木箱往地上一放，用手往脸上扇着风，俏皮地说：“热死了，这所大学真难找，问了多少人，都不知道有这么所大学。”

王剑虹却显得安静矜持一些，她看瞿秋白时，发现他的目光也正深深望着自己，便慌忙移开目光，去看办公桌上那几个字。

见王剑虹把目光移到办公桌上的“东南高等师范学校”字样上面，瞿秋白便解释：“这所大学是从东南高等师范改建的，桌椅板凳还都是过去留下来的。你们想好了学哪个专业吗？”

丁玲抢先回答：“想好了，学中国文学系。”

瞿秋白把目光转向王剑虹：“你呢，王剑虹同学？”

“我也是。”王剑虹说这话的时候声音很低，很柔，与她平日里的说话风格相差甚远，丁玲不解地看了看她，发现她的脸红红的，丁玲以为这是王剑虹在路上走得太急还没喘过气来，就没在意。

瞿秋白做事很细心，帮她们安排了宿舍，并亲自带她们过去。

所谓的女生宿舍不过就是在这个弄堂里租住的亭子间，很狭窄也很昏暗，如果在过去，丁玲一定会为自己在这种地方居住叫苦不堪，不过，因为在南京度过了几个月艰苦的自食自立生活，她们租住的地方比这种亭子间强不到哪里去，对眼下这个奇特的学生宿舍，丁玲一下子就接受了。

上海大学规模不大，校舍简陋，二楼过去的客厅、厢房都设成了教室，系和系就那么拥挤地在一起，但各个系的设置还是很全的，各系的老师学生之间也没有距离感，比如瞿秋白是社会系主任，却经常到中文系讲课，像王剑虹、丁玲这些中文系的学生，也会偷偷到社会系、英国文学系听课。

她们喜欢听沈雁冰讲小说研究，不过他在英文系讲希腊神话更吸引人，每到沈雁冰上英文系的课，她们一定会去蹭课。社会系最让她们欣赏的是瞿秋白的课，他神情从容，语调平缓，不时爆出点冷幽默，学生笑了，他却依然故我，似乎那笑和他一点关系都没有。不过，在老师中，最搞笑的是田汉，他才从日本回来不久，还没有什么上讲台讲课的经验，上课的时候总是盯着天花板，不敢正眼看课堂上的学生，大家在下面嗤嗤笑他，越是这样，他越紧张，好在还能继续把课讲下去。

傍晚上完课回到居住的亭子间，一想起田汉老师上课时的样子，丁玲就忍不住笑出声，她总是操着湖南官话学着田汉的样子望着屋顶讲话，这时，王剑虹便会一本正经地制止她说："这有什么好笑的，能不能正经点儿。"

丁玲刚刚进入她自我营造的快乐状态中，一时收敛不住，她觉得最近王剑虹怪怪的，原来她比丁玲闹得还欢，像一团火、一把剑，但自从进入上海大学，王剑虹越来越矜持了，像是变了一个人，一副大家闺秀的面貌。王剑虹最近突然喜欢起宋词来，每每俞平伯讲宋词的时候，她都全神贯注，随着他一起沉醉在词的意境之中。丁玲过去就觉得王剑虹骨子里是婉约的，没想到她这次回到上海，便成了这种温婉小女子的闺秀模样，仿佛王剑虹一下子就长成了一个女人，而丁玲还是一个青涩的青春少女。

白天的课程上完了，丁玲想好好放松一下，却发现王剑虹回到宿舍后又换了一件漂亮旗袍，这会儿正往胸前别校徽，丁玲便好奇道："下课了，一会儿就睡觉了，你打扮那么漂亮给谁看?"

王剑虹说："听说晚上的夜校是瞿秋白老师给学生上课，

我准备去听，你去吗?”

“有瞿老师的课啊，当然去啊，等等我啊，你打扮这么漂亮，我也得打扮打扮啊。你有没有觉出瞿老师看我的眼神充满爱慕啊，有没有?”丁玲自作多情地对着镜子扮个鬼脸，她没有注意到王剑虹的脸色变得很难看，嘴里酸酸地说：“是吗?”

丁玲确实对年轻帅气的瞿秋白有着别样的好感，她喜欢看他上课时的样子，偶尔他的目光飘过来，她都会为之一动，只要有机会，瞿秋白的课她是必听的。在她心目中，瞿秋白是老师，又像兄长，有些拿不定的事情，她会毫不犹豫去请教他，比如对于自己的未来，她拿不定主意，便去问他：“我将来做什么工作好呢?”瞿秋白对这个有个性的女生总是很放心的样子，笑着告诉她：“你嘛，和王剑虹不一样，就按你喜欢的去学，去干，飞吧，飞得越高越好，越远越好。”

丁玲其实对瞿秋白的这个回答不甚满意，我和王剑虹为啥不一样，她不就是现在被宋词闹得多愁善感的，你哪里知道我丁玲才是浪漫的文艺女青年。她为了展示自己的文艺范，开始写起小说来。时不时地，她会下意识地把瞿秋白挂在嘴边，但是，王剑虹一听她提起瞿秋白却总是闪烁其词，让丁玲有些看不懂。她虽然和表哥订过婚，却属于情窦未开的那类女孩子，她隐隐觉得，其实王剑虹对瞿秋白的感情不一般，她的变化似乎是为了一个男人，这个男人是不是瞿秋白呢?

王剑虹没说过，丁玲也没问过。

她们依然是好闺蜜好姐妹，依然形影不离。

沈雁冰的课也是她们最喜欢的，那天该是他的课，不知道因为有什么事他没到，正当学生们失望的时候，瞿秋白夹着讲义来了，他是替沈雁冰来讲课，学生们顿时精神起来，当然，最兴奋的是王剑虹与丁玲。

王剑虹和丁玲坐在一起，但王剑虹看似在认真做笔记，私下却偷偷在一张白纸上为瞿秋白画素描，丁玲用眼角的余光看到了，她偏过头去看，王剑虹不好意思地挡住了。下课了，王剑虹抢先站起来，拦住还在讲台上收拾讲义的瞿秋白，把画的那张素描递到他面前，柔声说："看我画得像不像?"

王剑虹从桃源第二女子师范毕业后曾在上海美术学校上过一段时间学，因为看不惯老师调戏女模特，给了老师一记耳光，被学校开除了，所以，她的素描是专业水平的，人物素描画得还是很像的，瞿秋白一看就知道她画的是自己，嘴里却明知故问："这画的是谁?"

"画的是你啊，像不像?"王剑虹一双秀美的眸子含情脉脉，期待地看着瞿秋白。

瞿秋白讪笑着摇摇头："不像。"

王剑虹顿时失落到极点，目光中的激情也黯淡了，她觉得这是自己画得最好最像的一幅素描，没想到瞿秋白并不喜欢。

她收回那张素描，垂头转身，正要离去的时候，瞿秋白低声在她耳边说：“你把我画得太英俊潇洒了，我有那么帅吗?”

“有。”王剑虹的脸色由羞愧转为羞涩，她把那张素描又塞给瞿秋白，带着满足的笑意回到自己的座位上。

所有的一切，丁玲远远地都看到了，她不知道他们都说了些什么，但是从他们的表情中，她看出了，瞿老师和王剑虹之间有一种感情上的默契，这默契让她心里酸酸的，她承认，自己有些吃醋。

王剑虹已经深深爱上瞿秋白，这爱深深埋在心里，她不敢对瞿秋白明明白白表达，怕被他拒绝，也不敢告诉最好的闺蜜丁玲。女人之间的友谊是很奇特的，她们正因为相像才成为最好的朋友，也是因为性格和志趣上的相像，也有可能爱上同一个男人，王剑虹敏锐地感觉到，丁玲也是喜欢瞿秋白的，从某种意义上来讲，她是自己潜在的情敌，怎么可以把自己的爱情隐私告诉情敌呢?

受瞿秋白邀请，施存统和妻子也到上海大学社会系来教课了，他们夫妇到了上海后，便在一个周末的日子，邀请瞿秋白、王剑虹、丁玲一起去游览宋教仁公园。

几个人是分头来到公园的，施存统从他们住的地方来，丁玲和王剑虹从她们的亭子间学生宿舍来，瞿秋白则从教职工宿舍来，远远的，瞿秋白看到这边的几个人，却招呼都没打就溜掉了。

他其实也爱上了王剑虹，但对这份爱他自己也没有多大把握能否担当，所以他选择了逃避。

丁玲对瞿秋白的离去感觉莫名其妙，她轻声责备："这个瞿老师，今天怎么啦?"

施存统夫妇也有些尴尬和意外，王剑虹默默看着瞿秋白的背影，眼里噙着泪水。

过去，瞿秋白经常到她们的小亭子间来，聊天，教她们学俄语，从那天起却不常来了。坠入情网的两个人互相猜着对方的心思，互相折磨着，王剑虹被爱情折磨得实在忍受不了了，便痛下决心要离开这里，正好在上海的父亲也要回四川老家，她准备随着父亲一起回酉阳，把这份情彻底忘掉。

丁玲看着王剑虹收拾行李，心里很落寞："我们不是说好了在这里好好读书吗，你为什么突然变卦了?"

王剑虹苦笑着回答："一个人的思想总会有变化的，请你原谅我。"

丁玲长叹一声："不知为什么，最近我越来越看不懂你了。”她想出去透透气，便走出亭子间，一个人到外面散步。在弄堂口，遇上了从学校里走出来的瞿秋白。

瞿秋白习惯了看到丁玲和王剑虹手拉手黏在一起，这次只看到形单影只的丁玲，就问：“王剑虹没出来散步？”

“王剑虹要回四川老家了，自己收拾行李呢，以后你再也不用教我们学俄文了。”丁玲语无伦次地回答，她发现自己话音刚落，瞿秋白便把她丢在弄堂口，急急地又返回弄堂里面，看样子是奔她们住的小亭子间的方向去了，丁玲愣愣地站在那里，望着瞿秋白的背影消失在拐弯处，心里第一次为一个男人而失落。

在外面转了一圈，初冬的街头有些冷，实在没什么好玩的，她便又转身回去了。走到屋门口，透过虚掩的门，她发现瞿秋白与王剑虹居然拥在一起，他们紧紧相拥着，忘记了那扇门并没有关严。

丁玲僵在那儿，不知自己该怎么办，进也不是，退也不是，她感觉到一阵寒气逼来，连心都冷得发抖，他们居然抱得这样紧，她暗恋的老师和她最好的闺蜜。

她下意识地把门“当”的一声带上了，一个人飞快地逃离这个地方。眼睛里什么时候流泪了？寒风吹过，泪水冰冷。

王剑虹并没有改变回四川老家的行程，但是改变了退学的主意，这次只是回去看看，还会回来。她走后，丁玲打扫卫生，从王剑虹的垫被下发现了一页布纹信纸，上面是一首用隽秀文字写的小诗《他》：

回自赤都的俄乡，
本有的潇洒更增新的气质，
渊博的才华载回异邦艺术之色。
他的学识、气质、形象，
谁不钦羡敬重，
但只能偷偷在心底收藏！

这首情诗是写给谁的，一目了然，原来王剑虹早就爱上瞿秋白。此时的丁玲把儿女情长埋在心底，很有些江湖女侠的豪气，她拿起那张纸笺去找瞿秋白了。

丁玲把王剑虹的诗稿默默递给他："这是剑虹写的。"

瞿秋白接过来细细读了，心情很激动，不过，想起身边还有另外一个女孩，他控制住自己的情绪，认真把诗稿收好，然后握住丁玲的手，意味深长地看着她："谢谢。"

这声谢谢，丁玲能懂，从他的语气和眼神中她就读懂了。瞿秋白知道丁玲也暗恋着他，但他的爱情只能给一个人，他感谢她的赏识和爱慕。

王剑虹回家小住几天便匆匆回来了，瞿秋白却去广州筹备中国国民党第一次代表大会了，当时他已经是中共领导人之一。一九二四年一月，瞿秋白从广州赶回上海，当时，上海大学迁到了西摩路。他便在上海大学附近的慕尔鸣路彬兴里三零七号租了间房子做新房，迎娶了他的新娘王剑虹。

房间布置得很雅致，家具不多，临窗是一张宽大的弹簧床，贴墙放着三个装满精装外文书籍和线装书的书橱，写字台很大，整整齐齐摆放着文房四宝，床头放着一盏笼着粉红色纱罩的台灯。这摆设古雅温馨，是王剑虹喜欢的风格。

丁玲参加并见证了他们的婚礼，作为王剑虹的闺蜜，作为瞿秋白的朋友兼学生，她送上了自己最美好的祝福。

新婚燕尔，瞿秋白又回广州参加中国国民党第一次代表大会，他和王剑虹柔情蜜意，王剑虹天天写情诗诉说自己的思念之苦，瞿秋白写回来的信也是诗意浓浓，情意浓浓：

> ……你偏偏爱我，我偏偏爱你这是冤家，这是“幸福”。唉！我恨不得插翅飞回吻……

闺蜜找到了理想中的爱情，找到了深爱她的男人，丁玲为她的幸福由衷高兴。两个人依然是好姐妹，好朋友，有时候丁玲看着王剑虹那副幸福的小模样，便暗想：幸亏自己没有傻乎乎地向瞿秋白做过任何表白，看人家爱得死去活来的样子，自己如果不留神掺和进去，三个人的关系该多尴尬啊。

那个春天，那个初夏，是王剑虹一生最快乐的时光。瞿秋白非常疼爱她，并且给她起了个美丽的昵称，叫“梦可”，王剑虹——梦可，她灿若夏花的生命尽情燃烧着，那是她生命中最美丽的一个春夏，丁玲不知道，她的好闺蜜每天午后脸上的那抹胭脂红，并不是好兆头。

失意的北漂之梦

王剑虹和瞿秋白结婚不到半年，就病倒了。

她经常咳嗽，动辄娇喘吁吁，无奈，只好卧床休息。

那段时间，瞿秋白格外忙，白天上一天课，偶得空闲还要给共产国际驻中国代表鲍罗廷当翻译，晚上加班写文章，他其实是个恋家的人，忙碌中，却总是无意地就把娇妻忽略了。瞿秋白在慕尔鸣路租的是一幢两楼两底的弄堂房子，房间很大，瞿秋白和王剑虹是住不过来的，他们住楼上，还约来一个表亲夫妇同住，瞿秋白在上海大学上学的二弟瞿云白也与他们同住在这座楼上，王剑虹就让丁玲也搬过来住，闺蜜之间互相有个照应，自己寂寞的时候，丁玲还可以经常陪伴身边。

春天过去了，王剑虹还是不时咳嗽，开始以为是因春寒染上了感冒，但是，春天已经走了，人们都换上单薄的裙装了，王剑虹反倒病得越来越厉害了，食欲很差，什么都吃不下。温暖的初夏之夜，她依然觉得冷，一个人躺在宽大的弹簧床上，盖着薄薄的被子，笼着粉红色纱罩的台灯把淡红色温柔的光打在她的脸上，使她的脸色比白天显得红润好看了些。

丁玲看着她日益憔悴，心疼地说道：“嫁了人反倒成了林黛玉了，身体这么差，你必须到医院看看去。”

“秋白带我去了，医生说是怀孕的反应。”王剑虹摸着肚子，带着几分骄傲和羞涩说。

“怀孕反应这么严重？好可怕，那我以后不嫁人，不要孩子了。”丁玲开玩笑。

王剑虹躺在床上，一边笑一边咳喘，瞿秋白恰好回来，一身笔挺西装衬得他更加英俊挺拔，他给学生上夜课去了，按说这个时候他不应该回家，因为不放心病床上的新婚妻子，他上完课便匆匆回家。上次去医院检查，医生说王剑虹这病是怀孕的初期反应，瞿秋白觉得好端端的一个女子，嫁了自己就变成这等憔悴样子，他感觉自己责任重大，总是多挤些时间照顾妻子，这会看到王剑虹和丁玲有说有笑，他心情畅快了许多。

瞿秋白回来了，丁玲就可以回自己房间了，走出房门遇上住在瞿秋白隔壁的瞿云白。云白比丁玲大两岁，模样长得和哥哥很像，俄文也非常好，只是比哥哥瞿秋白显得更文弱，他有些喜欢楼下的这个邻居兼校友，暗恋这个女孩，却不好意思说出来，一见到丁玲就脸红。不过，在照顾丁玲方面，他是无微不至的，当初丁玲刚搬进来的时候，天还冷，瞿云白便给丁玲的房间装了煤油炉子，瞿秋白和王剑虹到这里围着炉火聊天的时候，他也会加入进来，不过，总像一个多余的小跟班。

看到丁玲从哥嫂房间走出来要下楼，瞿云白本是想邀她进自己房间坐坐，等话出口，却变成了：“还没休息呢？早些睡。”

“你也是。”云白的心事，丁玲能看懂，但她装作不懂，云白对她的好，她都记着呢，虽然他比自己还大两岁，不知为什么，在丁玲心目中，总会把他当做弟弟。

王剑虹身体每况愈下，到了六月末，已经彻底卧床不起了，还大量吐血。再去复诊，医生这次不再说怀孕之类的话，而是用心诊断，结果，王剑虹患的是肺病。

丁玲在六月中旬就从上海回湖南了，她回去前王剑虹还能撑着陪她说了半天话，丁玲以为到自己再回上海的时候，说不定王剑虹的病就好了。

回到常德后，丁玲发现自己离开的日子里，妈妈有些老了。余曼贞看到女儿回家，无比兴奋，她像所有絮絮叨叨的妈妈那样，嘴里有说不完的话，一一汇报着丁玲离开的日子里，家乡发生的一些事情和变故。丁玲不忍心打断妈妈停不下来的温馨唠叨，却又不得不匆匆走出家门，替王剑虹看望她的姑妈。从王剑虹姑妈那里，丁玲知道了王剑虹的母亲和姐姐是患肺病死的，她心里便是一沉，更加牵挂远方的闺蜜。等安定下来，她便给王剑虹写信，一则是报平安，二则是不放心她的病情。

民国年代的书信，在路上要经历一段漫长的时段才能送达，到了上海，已是炎热的七月天，王剑虹长卧病榻，无力再写回信，由瞿秋白替她回了一封信。信上，瞿秋白诉说着自己的痛苦和内疚，因为他本人就患有肺结核，他怀疑这个病是自己传染给王剑虹，王剑虹病情不断向着不好的方向发展，瞿秋白在信中写道："我好像预感到什么不幸。"

他的预感是对的，就在那个七月，王剑虹没能继续撑下来，灿若夏花的生命在美好的夏日凋零了，她不过刚刚二十挂零，和瞿秋白结婚才半年时间。

瞿秋白懵了，无论如何都不敢想，他美丽温柔的爱妻，他的梦可永远走了。她的死，带走了他的魂、他的心。等丁玲听到闺蜜逝去的噩耗，再赶到上海，在他们的住处，见到的只有一幅用洁白绸布裹着的王剑虹的遗像。瞿秋白不在，瞿云白正往墙上挂那幅遗像，他见到丁玲便哽咽起来。

丁玲的泪水一直在流，在流。等见到瞿秋白，她不知道该用什么样的语言安慰他，她知道，瞿秋白深爱着王剑虹，“尽管他们这段生活是短暂的，但过去火一样的热情，海一样的深情，光辉、温柔、诗意浓厚的爱情，却是他毕生难忘的……剑虹在他心中是天上的人儿，是仙女。”她在《我所认识的瞿秋白同志》中这样描述瞿秋白和王剑虹的爱情。她替王剑虹感到欣慰，毕竟，在这个世界上，有一个好男人这样深爱着她，一个女人，不管她生命的长度是多少，生命中能得到一份真爱，就值了。

王剑虹死后，丁玲的心情一直处于悲伤和孤独寂寞之中，无法排解，上海变成了丁玲的伤心地。挚友逝去，上海大学所传授的知识与那些学术性很强的大学相比，还是有差距的，在这里，她不但没有寻找到自己的梦想，连最好的朋友都失去了。

那个夏天，她决定离开这个地方，到北京去发展。

一九二四年暑期，丁玲从上海回了趟常德，然后独自一人前往陌生的北京。

坐上北上的列车，丁玲心里是忐忑的。从瞿秋白那里，经常听到鲁迅这个名字，鲁迅是她的精神偶像，她知道鲁迅此时在北京大学任教，她要去北大做鲁迅的学生，亲耳聆听鲁迅讲课。

带着这个梦想，她来到自己心目中神圣的北京。来之前她和妈妈长谈了一夜，妈妈意味深长地说：你长大了，不论你做什么样的选择妈妈都支持，就盼望我的女儿寻找到出路，飞向自由天地。

这里是自由的天地吗？虽然是盛夏时节，草木葱茏，古老的北京城依然显得冷峻呆板，到处都是灰蒙蒙的老式四合院，中规中矩地散落在城中，与南方有灵气的山水秀美的园林式建筑相比，总让人提不起精神。此时，由于正处于北洋军阀混战的白色恐怖中，这座城市的许多文化人已经南下了，丁玲选择这个时候北漂，连瞿秋白都劝她，观望一下再去，但她很执拗，说去就去了。

北京大学不是谁想上就能上的，听鲁迅先生讲课是需要有听课资格的，她这个从上海冒冒失失闯过来的小女生，怎么可能一下子就走进北大的课堂？

在北大校园里转了一圈，傍晚的日光已经不再炽热，照在红砖砌成的大楼上，北大红楼安静中透着青春活力，三三两两的学子在背书，那种儒雅的生活状态是丁玲渴望的，但是，这里没人认识她，没人能帮到她。

她心怀落寞，决定先在北京住下来，慢慢寻找机会。

她先在西城辟才胡同的一个补习学校的宿舍住下来，这个地方住宿便宜，还可以跟着补习班的学生蹭蹭课。不过，这种补习班的课程太浅显了，她根本看不上，大多数时间是在自学，有时候也到旁边一家私立图画学校学习绘画。那片地方居住的几乎都是像她这样怀揣梦想到北京来寻梦的北漂青年学生，那里的氛围不太好，大家都生活在失意和无奈中，这些北漂们家庭条件一般都不太好，条件好的不会住在这个地方。

丁玲从家里带出的那点钱已经所剩无几，她不好张嘴向妈妈要钱，便缩衣节食，过着饥一顿饱一顿的窘迫日子。当初在南京的时候，她和王剑虹也生活的很艰难，两个女孩子互相支撑和鼓励着，苦日子也过得很有味道，她便又开始想念王剑虹，忍不住拿出她们的合影看着，直到泪水涟涟。在私立图画学校学的绘画这时派上了用场，成为她化解寂寞的一剂良药，她在本子上勾画着王剑虹的模样，勾画着妈妈的模样，勾画着印象中父亲的模样，勾画着瞿秋白的模样，画着画着，纸张就被泪水打湿了。

她的内心充满矛盾，这里的现实距离她的浪漫主义理想相去甚远，她不知该去还是留。

好在，补习学校里有许多湖南老乡，她认识了来自长沙的女生曹孟君和谭惕吾，她们都是性格开朗的激进女子，曹孟君在长沙稻田女子师范学校读书的时候，因为带头剪辫子被开除了，后来转到周南女校，又因为反对禁锢学生思想的会考制度再次被开除。谭惕吾在长沙湘南省立第一女子师范学校读书的时候，参加过新民学会领导的湘南学生抵制日货和驱逐张敬尧运动。相同的经历，使她们迅速成为好朋友。

美丽的曹孟君比丁玲大一岁，她正在谈恋爱，男朋友叫左恭，也是湖南人，他和别人同租一个公寓居住。几个女孩子闲来无事就结伴到左恭居住的公寓去玩，与左恭合租这个公寓的是一个北漂的福建人，名叫胡也频，这个清瘦的南方大男孩戴着一副与瞿秋白一样的眼镜，或许因为他的形象和气质很接近瞿秋白，和他一见面，丁玲便对他产生了一种莫名的好感。

大家都熟络起来，来往也就多了，有时候，左恭来补习学校宿舍看望女朋友，也会把胡也频带上，聊天中丁玲知道，胡也频在北京办一个民众文学周刊，职业是一个文学编辑。她很喜欢文学，和胡也频之间的话题便很多。刚刚认识，只是一般性的朋友，对于胡也频，丁玲并没有产生一见钟情的心动感觉，在她眼里，胡也频不过就是个漂在北京的大男孩，在一起说说笑笑还可以，她没想过要和他谈恋爱。

曹孟君和左恭的志向就是报考北大，他们的重点就是补习投考大学的功课，谭惕吾已经进北大学习了，补习美术功课对于别人来讲不过就是个消遣，丁玲却发现自己对美术很有感觉，并渐渐喜欢上了美术，她决定先投考艺专，如果考不上再试着考别的。

为了更好地温习功课，她搬离了西城辟才胡同补习学校的宿舍，居住到一个名叫通丰公寓的地方。搬家的时候，她本来想悄悄搬走就得了，全部的家当就是那个随身的小木箱。但是，湖南老乡们不同意，他们陪着她从那边搬到了这边，与左恭一个公寓的胡也频主动帮她提着小木箱，这让她感觉很温暖，这是一种久违的温暖。

独自搬出来之后，她想全力以赴做最后的冲刺，那些日子与湖南的那些老乡来往就少了些，但是，那个胡也频却会经常过来看望她，不仅仅是经常，他差不多每天都跑过来看望她。

他来了，女主人并没有特殊的招待，有时候连杯白开水都没时间给他倒，她要准备考试，胡也频便自己在书桌旁边看书。书桌上放着四个颜料碟，一叠红色九宫格习字用纸，抽屉里放着一枚印章，一本素描册子和一本相册，胡也频已经对那些东西非常熟悉了，他默默陪丁玲坐在那里的时候，除了看书，就是翻看丁玲涂画过的素描册子和那本相册，那枚玉质图章他只看过一次，研究了一下上面刻的字，想问丁玲点什么，看她忙于复习功课，便欲言又止。

那个冬季，胡也频成了丁玲交往最多的一个朋友。

送花少年与湘西老乡

丁玲有些依赖胡也频带来的温暖了，如果他一日不来，她便会觉得少了些什么。

看丁玲整天闷在公寓里看书画画，胡也频打算带她到室外透透气。他说要带她去拜访一位朋友，这位朋友叫沈从文，经常给他编辑的《京报》投稿，是丁玲的湘西老乡，长得很帅气。

本来丁玲对这个马上要见的湘西老乡并没有抱什么交往下去的愿望，只是不好驳胡也频的面子，只好陪他去了，好在二人的住地相距不远。

一见面，熟悉的乡音，相近的年岁，那个男子带有的文人气质，一下子拉近了他们之间的距离。

沈从文从湘西老家凤凰城走出来后，有过几年的军旅生活，后来想进北京的大学进修，却无缘大学梦，做了一段时间北京大学的旁听生之后，开始做文学梦。这个北漂湘西青年，这几年就靠微薄的稿酬维持生计，他轰炸式的到处投稿，许多作品在《晨报》《语丝》《晨报副刊》《现代评论》发表，已经在文学界有了一点小名气。他租住的公寓说好听些叫做公寓，其实是一间又窄又小还有些潮湿发霉的房间，沈从文给自己的小屋起了个名号，叫“窄而霉斋”。

“窄而霉斋”旁边有一个天井，那一日，他闲坐窗下正望着天井中没有融化的积雪聊发诗情，胡也频带来个圆脸大眼睛长眉毛的女子，这女孩子穿着灰布衣服，系着青色绸围巾，装扮不显山不露水，让沈从文觉得这女孩子不会打扮。

在丁玲眼里，沈从文俨然是见多识广的北漂成功者形象，青涩小女生丁玲和沈从文一见如故，很有几分“老乡见老乡，两眼泪汪汪”的感觉，他们用胡也频根本听不懂的家乡话攀谈起来，他们的家乡相距七百里，两个地方被同一条河连在一起，君住河头，我住河尾，同样的单桅篷船，同样清澈透明的河水成为他们童年少年时代共同的记忆，同样的怀乡病，同样喜欢文学让他们没有一点陌生感，他们谈笑着，像久不相见的老朋友。

胡也频被冷落到一边，基本上听不懂两人在说些什么，偶有听懂的，却又插不上话，隔在他们中间显得痴痴傻傻的。他临窗户桌边坐着，落寞地翻看着一本都德的《小物件》。

两个湘西乡党好不容易说够了，天也黑透了。胡也频那天感觉自己好累，时间过得好慢，自己喜欢的女孩，和别的男人说的这般投入，他心里多少也是有些酸溜溜的。

离开时，丁玲回身对沈从文客气道：“有空到我那里去玩，我住在出街口向西，过了木厂再往前走一点就看到了，那个地方叫通丰公寓，很好找的。”

胡也频说：“什么时候去告诉我，我带你去。”

望着他们远去的背影，沈从文暗想，看来胡也频已经爱上这个女孩了。这女孩完全不像书上提到的恋爱中的女子，她们一般都是无限的聪明和完美，可是这个丁玲，她清纯、天真、任性、素面朝天，脸上连粉都不搽，头发剪得那样短，也不怎么会打扮，不知道如何去料理自己，没有一般女生的细致和娇媚。不过，如果做朋友倒是蛮可爱的。

胡也频来北京之前，曾在大沽口海军学校学机器制造，因为海军学校停办才流浪到这里，所以，沈从文总喜欢管胡也频叫海军学生。既然是胡也频喜欢的女孩，沈从文不好主动到丁玲那里去，但胡也频第二天就主动去约沈从文，“什么时候陪我一起到你那个湘西老乡的公寓去？晚上去还是明天早上去？”

“呵呵，这么心急，你是不是坠入情网了？”沈从文玩笑道。

“大概是吧，我真的很爱她。”胡也频在沈从文公寓坐了一会就走了，他来的那段时间，嘴里总要提到丁玲。沈从文觉得，他有些走火入魔了，如果一个男人爱上女人就会变得这样发呆发傻吗？他自己还没有谈过恋爱，不知道爱情怎么会有这样大的魔力。

两天后，沈从文在胡也频的陪伴下到丁玲的住处回访。

冬尾春初，残雪尚未消融，那里的地面很潮湿，有的地方貌似已经发霉了。屋内摆设很简单，一张硬木板床，床四周的墙上贴满报纸做墙围子，报纸看上去也不新了，泛着破败的黄色。窗户上贴着窗纸，窗纸已经满满当当画上人头像，乍看上去很诡异。

他们去的时候，丁玲正坐在条桌前面看书。沈从文见过的女子中，能这样安安静静看书的没有几个，她看书的样子文静娴雅，那种文化女性的气质，使沈从文对丁玲的印象有了一点改变。

过去胡也频到这里来，是主动翻看丁玲抽屉里的东西，这次则是丁玲主动把抽屉中的相册、图画本子拿给沈从文看。

她还把自己的那枚玉质印章拿出来，让沈从文观赏。

沈从文看上面篆刻的文字，“丁玲”两个字，疑惑地问：“丁玲是谁？这是谁的章？”

“我自己的，以后我准备用这个名字，不用旧名字了，所以就刻了这颗图章。”

沈从文若有所思地点点头，胡也频也拿过印章看，他有些不解地摇头，复又摇头。

生活在这样冰冷杂乱的环境中，丁玲身体还能扛得住，她不害病、不头痛，还怀揣着美好梦想，这让沈从文觉得这个女人不一般。

很快，这个不一般的女人所怀有的美好梦想就被一些残酷的现实碾碎了。

北京的美术学校招生，她投考了美术学校，本来还是抱了一些希望的，没想到开榜的时候，她居然榜上无名。

这次落榜对丁玲的打击很大。

这两年接连受到打击，那个寒冷的初春，是丁玲懂事之后人生色调最灰暗的一段时光，她本来开朗的性格也变得阳光不起来了，她消沉、沮丧、悲观，如同那些很小资情调的女孩子，动辄就哭鼻子。她哀怨自己的命运，有时候整天整天躺在公寓的床上，有时候到南城外的陶然亭芦苇里发呆，有时候去西城外田野里痴坐痛哭，她把自己从出生到眼下这二十年生命历程中所有的不幸之事都翻腾了一遍，童年时父亲的死，少年时幼弟的夭亡，如今连个上学的地方都找不到，想来想去，便愈发抑郁，觉得命运于她不公，忍不住就哭哭啼啼地抽搭出声，像着了什么魔。她无端地便会想到自己前些年夭亡的弟弟，哭起来常常嘴里喊着“弟弟”，胡也频从侧面打听到丁玲有个夭亡的弟弟，这是她永远解不开的心结，遇上伤心事，就会想起弟弟。

胡也频也不知道该怎么劝，他想为她做些什么，至少让她开心一些，可是，做什么事才能让她快乐起来呢？

那几日胡也频去看她，很多时候是找不见的。夜深了，她还不归住处，四处去找，找到时她一个人刚下了洋车，正跌跌撞撞往这边走，满身酒气，昏黄的电灯光下，她的背影孤独瘦弱，胡也频过去搀扶她，她的酒劲大约已经被寒冷的夜风吹散了一些，脸上带着僵硬的笑对胡也频说："去朋友家喝酒，醉了。"

胡也频觉得丁玲这样下去不是办法，他要拯救她。他自己是没有办法的，就去找沈从文帮他出主意。

沈从文正要去西单办事，胡也频随着他一起出门一起走。沈从文默默走在路上，他也不知道怎样劝女人，就告诉胡也频，虽然丁玲的这份感情由对生活不满而起，倘若来了那么一个男子，给了她一张男性的嘴唇与两条臂膀，她的生活即刻就会快乐一些。

胡也频觉得沈从文太不了解丁玲这样的女子了，她看似很一般，表面上与平凡女子差不了多少，骨子里却是与众不同的，不是随便哪个男人的嘴唇和臂膀就能征服她。

沈从文告诉胡也频，莫急，慢慢来，既然她因为弟弟的夭亡有怀恋弟弟的情结，那就以弟弟的角色进入她的情感世界。她弟弟死了，你现在就去做她的弟弟。

胡也频受到点拨，恍悟这是个好办法，他在沈从文肩上轻轻拍了一下，意思是说，谢谢哥们的指点，然后就匆匆离去，大约是筹钱买玫瑰。

第二天一大早，胡也频就用一个纸盒装满黄玫瑰，花下塞了字条：“你一个新的弟弟所献。”

玫瑰送去后，丁玲手捧鲜花，嗅嗅花香，复又放回去，冷淡地说声：“谢谢。”

只一声谢谢就不再多言。

胡也频送去的温暖还是有效果的，那天丁玲没有去野外痴哭，而是躲在公寓内想以后的路。初来北平时，本不是奔着考什么艺术学校，是想聆听鲁迅的教诲，怎么到了北平，却把为什么出发忘却了？丁玲决定重拾当初的旧梦，她认认真真给鲁迅写了一封信，诉说自己对先生的仰慕和崇拜，倾诉当前的窘迫境遇，倾诉一个女子在社会上生存多么不易，盼望先生能给自己指明一条希望之路，或者帮她找个能糊口的工作，哪怕到报馆或书店当印刷工人都可以。信的落款署名丁玲。

丁玲的字和沈从文、胡也频的字迹非常相像，他们都习惯用硬笔在窄行稿纸上写密密麻麻的小字，这小字隽秀纤细，非常秀气，三个人不但字迹相像，连书写款式都像的很。那时候沈从文正以休芸芸的笔名在各个报刊四处投稿挣稿费糊口。编辑们都熟悉他的笔迹，鲁迅的朋友那天恰好来串门，一看这个笔迹，便怀疑是笔名休芸芸的沈从文写的，鲁迅信以为真，便没有给丁玲回信。

这场误会像多米诺骨牌，就因为字迹很像，导致的一系列误会不但殃及了丁玲和沈从文，后来也殃及了胡也频。沈从文无辜受到冤枉，这件事让两个文化人从此结下梁子，沈从文和鲁迅一生保持距离，不但从来没有晤过一次面，连一次直接的通信都不曾有过。

丁玲总也盼不到鲁迅的回信，愈发心灰意冷，在一个初春的早晨，收拾行装回湖南老家了。北京寻梦宣告失败，走的时候，她心情无限沮丧，与任何朋友都没打招呼，就走了。

胡也频带着一朵玫瑰花来到丁玲住处的时候，那里已经人去屋空，问公寓门口打杂的小哥，他说，蒋小姐回湖南老家了，早上刚走。

胡也频想去追，小哥说，追不上了，走了一上午了。

追不上也要去追，不就是回湖南老家了吗，她就是到了天涯海角，想追也能追上。此时胡也频发现，自己爱丁玲如此之深，没有她，自己的人生已经没有意义了。

去湖南需要路费，他摸了摸衣兜，那几个铜板只够一两天的饭钱，这点经费哪够去追赶爱情啊？

他赶回编辑部，向同事朋友们借钱，大家给他凑了二十块钱，作为他爱情的启动资金。

怀揣着这二十元钱，胡也频踏上寻找爱情之旅。

和胡也频的浪漫爱情

丁玲带着绝望的心绪回到湖南常德。

对于女儿的突然回家，余曼贞感觉很意外，她不是去北京寻梦去了吗？看来出师不利。丁玲这次回来后，与以往不同，情绪异常低落，不愿意多说一句话，余曼贞问她什么，她都不想回答。

于是，余曼贞便什么都不问了，她想，女儿回来也好，毕竟是个女孩子，在外面闯荡了这些年，外面的世界也见识过了，即使她不甘不愿回家，总归是回来了，妈妈这里永远是她的港湾，她折了翅膀回家了，就好好替她疗伤，等她想振翅远飞的时候，也不拦着她，她已经长大了，一切按她自己的思路去做，将来才不会后悔。

在家中的日子安逸宁静，家乡的春天温暖湿润，比干燥寒冷的北平要舒适得多，丁玲回到这熟悉的环境中，竟有些慵懒了，那两日她不分白天黑夜地蒙头大睡，脑子里混混沌沌，一片空白，直到这片混沌被一阵急促的敲门声惊醒。

有人在敲她们的家门。

那年，自他们从舅舅家搬到这里，这个偏僻的小院，很少有人光临，一年到头也不会有人来敲她们的家门，到底会是谁呢？

丁玲和妈妈一同去开门，门开着，门口站着一个穿着月白色长衫的青年，他脸色苍白，头发乱蓬蓬的像茅草一般在风中飞扬着，他身上最大的亮点是，手里居然捧着几枝玫瑰花，这与他邋里邋遢的形象有些不符。

“胡也频！”丁玲诧异地看着站在门口的男子。

胡也频身后站着一个拉黄包车的，还没等他开口说话，拉黄包车的车夫先说话了：“这位先生，你不是说拉到了地方就给钱吗？紧着把车钱给了吧。”

胡也频无奈地向丁玲摊开双手，丁玲明白了，他已经身无分文，无钱支付打车的费用，便让妈妈进屋取了车钱替他支付。

丁玲向妈妈介绍说：“他叫胡也频，我在北京认识的一个朋友。”

不管是什么性质的朋友，人家不远几千里从遥远的北平来到了你的家里，也要好好接待。那青年手里捧着玫瑰花，仅凭那几朵花，余曼贞便看明白了，这个男子是爱女儿的，都没钱付黄包车费了，还没忘记买玫瑰，这是个单纯浪漫的、有些不食人间烟火的年轻人。余曼贞并不愿意女儿未来的夫婿是这样不着边际的浪漫之人，但是，年轻人自有他们自己的爱情，她不愿意多干涉，一切顺其自然吧。

那几朵玫瑰是打动不了女孩子的，但他的单纯、执着与热情足以感动丁玲这样的性情女子。北平到常德，那么遥远的距离，走千山过万水，他一路寻到了这里，他的目光中是真诚的爱意，他比丁玲还大一岁，却口口声声说自己是丁玲的弟弟。这份纯情，又怎能让人拒绝？

丁玲落寞的心中顿时被温暖和甜蜜充盈。

他说："跟我回北京吧，以后你就不是一个人在拼搏，还有我呢。"

"回了北京还不是要过之前那样的日子？"丁玲一想起自己在北京失败的人生，便不寒而栗。

"你的文学素养很高，你可以像沈从文那样写小说，你一定能成功的。"胡也频的话很恳切，丁玲想过写小说的事，从来没人鼓励过她，胡也频的鼓励让她对自己有了些信心。

他的造访，给了她一个措手不及，一切都来得如此仓促，这个不请自到的男人，还有不请自到的爱情，都让她纠结起来。她还没有做好恋爱的准备，不知道该不该接受胡也频的爱情。他其实不是她梦中的那个白马王子，他不是不够帅气，而是不够阳刚，丁玲虽然总是在怀念弟弟，却不想找一个弟弟做爱人。

不管怎么说，胡也频来了就是客人，湘西人好客，客人来了要好好招待的。胡也频住在常德的那些日子里，丁玲陪着他游览了家乡的美好景色，那里僻远幽静，在这样的环境中，一男一女两个人肩并肩静静地走着聊着，心越聊越近。丁玲被胡也频说动了，她决定跟着他回北京，家乡不是她圆梦的地方，她终究要离开的，不如这次就跟着胡也频走罢了，这样路上也有个伴，互相照应着点。

重又回到北京，丁玲没准备立即接纳这份匆匆来临的爱情，但是她随着胡也频一起回来，朋友们便纷纷猜测他们之间的关系已经发展到了一定地步，否则，他去了，她便乖乖随着他走？丁玲是随便某个男人就能劝得动的人吗。

友人们背后议论纷纷，无形中加速了他们感情的发展，别人的误会有时候是感情的推进剂和催化剂。丁玲开始时对那些误解很生气，她排解这种气愤的方式很奇葩，不是就此远离胡也频，而是一气之下与他同居了。

他们回到北京后，发现他们的朋友、丁玲的湘西老乡沈从文已经有工作了。

前几天，沈从文刚刚找到一份稳定的工作，到香山慈幼园做图书管理员，月薪二十元。有了这份工作之后，沈从文明显安静从容多了，少了前些日子的窘迫之态，他也不用再住在破旧的“窄而霉斋”了，工作的那个地方有职工宿舍，他便住到了香山慈幼园的宿舍里。

胡也频去“窄而霉斋”看望沈从文，听说他去香山工作居住了，胡也频忽然想到，香山是个好地方，空气好、风景好，最重要的是，那里的房租一定便宜。他和丁玲回京后，过去就职的那家刊物停办了，同居后两人总是过着衣食无着的日子，基本上是靠着丁玲的妈妈给他们寄钱维持生活。到香山租房子住，虽然远一些，可以省不少钱啊。还有，他们的好朋友沈从文住在香山，互相之间也好有个照应。

秋天，丁玲、胡也频在香山碧云寺下的一个村子里租了一个小屋，也搬到香山这边来。

胡也频住到香山要做的第一件事，就是去香山慈幼园看望沈从文。

恰好沈从文不在，他就留了个字条，上面写着：你的两个老朋友搬到碧云寺下边的某某号居住了，如果有时间来找我们玩。字条上面没有落款。

沈从文见到字条后，觉得好奇，自己哪个朋友搬到香山这边来住了？他决定选个空闲日子去看望那两个神秘的朋友。

中秋节的午后，沈从文去看望留字条的朋友。

沈从文选择了这个特殊的日子拜访朋友，大概是为了陪他们一起过节。找到他们的住处，那个地方的景色很美，香山如黛，古塔插入云端，那环境有一种脱俗的美。他们租的小屋，房租每个月九块钱，屋子的地面干爽洁净，院里有一口水井，房前屋后栽满枣树，正是枣子红熟的时节，满树都缀满红玛瑙似的枣子。

在枣树后面，站着笑盈盈的胡也频，他一见沈从文，就迎上去呵呵笑着："见到我给你留的字条了吧?"

"我一直在猜想，是谁搬到这边来住了，居然是你。"

"不单是我，还有一个。"然后他便对着屋里喊，"还不出来一下，家里来客人啦。"

丁玲闻声便出现在屋门口。

这次见到的丁玲像是变了一个人，她对沈从文腼腆地浅笑着，身上散发着女性温柔文静的气息，脸色红润多了。这便是青涩女生和女人的区别吗？过去那个有些粗糙的不似女孩子的丁玲，在爱情的滋润下，居然也成了一如其他女子的娇羞样子。

沈从文也不知道，自己究竟更喜欢这个湘西老乡原来的样子，还是她现在的样子。他忍不住笑着调侃："现在还喝不喝酒?”

丁玲微笑着，并不作答，仿佛过去偶尔在朋友的酒局上喝醉的那个女子与她无关一般。

沈从文又问：“搬到这边了，还去芦苇里读诗吗?”

丁玲笑着把沈从文让进屋，不明白这位老乡哥哥为什么总喜欢问人家过去的伤心事。屋里的摆设有些家的味道了，一张床，一个藤椅，一架小煤油炉，炉子上的锅里正炖着什么东西，有香气飘过来，浅浅淡淡的人间烟火味让这间小屋很温馨。

沈从文以为这个有些男孩子气质的女性，已经完全被爱情改造成温柔驯顺的小女人了，但当胡也频提出陪沈从文到四周游览一下，丁玲立即关掉了煤油炉子，装扮整齐，要陪他们一同去。沈从文忍不住笑了，江山易改禀性难移，看来这个女子还是过去那个率真的性格。

胡也频纯真、丁玲浪漫，两个人走到一起，便过着纯真浪漫的生活。他们搬到山上来住，过的是非常简单的生活，吃饭、睡觉、读书、游玩，他们全部的家当中，书籍不过就是《郑板桥集》《倪云林诗》《花间集》《玉台新咏》和几本翻译小说，那几本书反过来倒过去地读，早已经读得烂熟了。如果有足够的资金支撑，这种桃花源式的生活确是幸福快乐的，但是，他们的日子经常过得捉襟见肘，这种时候，有时是去城里向朋友借，有时候是典当几件一时穿不着的衣物。他们的全部衣物都放在床底下的一个柳条筐里，实在饿得头昏眼花了，便把柳条筐从床底下拽出来，从里面挑一两件稍好一些的，用花包袱包了，两个人手拉着手，跋山涉水奔赴城里，回来的时候，衣物就变成了白米、菜肴和其他生活必需品，不过，穷成这样，买一朵鲜花还是不可少的。弹尽粮绝实在没东西可典当的时候，也不怕，他们还有一个好朋友在附近的香山慈幼园做图书管理员，沈从文那里的单位食堂有粗面馒头，厚着脸皮到他那里蹭吃蹭喝，至少可以少挨一顿饿。

他们青春的生命有爱情相伴，便不知道什么叫忧愁。从他们居住的西山碧云寺到当时的北京市中心，路途是极远的，下了山还要绕过玉泉山长长的围墙，再经过青龙桥、颐和园、挂甲屯、海淀，然后进西直门，即使在今天开车，也要走上一段时间。两个人全凭着两条腿，却从来没把这长长的路程放在眼里。手拉手走下山去，走着走着，就忘记了为什么出发，被路边的某个风景迷住了，他们便停下来。在玉泉山小河边赏月到深夜，到圆明园的废墟中看夜景，到卧佛寺后面看雨后的泉水，到院中枣树下去看流星，到小团城看晚霞……最惊险的一次是两个人被玉泉山后面的美景吸引，不断往前走，天色已晚，看不清前面的路，走着走着就陷进了深深的泥泞之中出不来了，那时节已是冷冷的深秋，夜晚寒冷的露水和夜霜把他们冻得瑟瑟发抖，两个人紧紧拥在一起，还诗兴大发看星空呢。如果不是一个赶驴的山人走夜路发现了他们，把他们救出来，那个长长的夜晚，说不定两个人的小命就留在荒郊野外了。

他们像长不大的孩子，快乐着别人看不懂的快乐。

许多人都看不懂他们，连沈从文那种文人气很重的人，也对他们浪漫得有些不靠谱的生活看不太懂。

他们不需要别人看懂，趁着年轻，他们不想错过流年里匆匆走过的美好，年轻人偶尔做些幼稚的事情，别人笑话也不必在乎，因为，生命中的那些最美好的片段都是年轻时候留下来的，他们留下了，所以没有遗憾。

第三章 三个文学青年的纠葛

豆蔻年华，芳菲人间，爱情，在她心中萌发了，一个是爱她至深的文学青年胡也频，一个是她爱之如狂的诗人冯雪峰，她左右为难，竟然提出了三人一起生活的想法。这便是丁玲，一个至情至性、惊世骇俗的女子。

莎菲女士的日记

生活在香山，胡也频最牵挂的还是文学，最新出版的那些刊物杂志登了谁的小说、谁的诗，书市上又有哪些新书出版了。他依然执着于文学创作，过去在编辑部还有自己的平台，现在刊物停办了，平台没有了，创作的文学作品苦于找不到发表的地方。和他同病相怜的还有一个沈从文，沈从文也觉得命运对编辑们太不公平，他们相聚的时候，聊得最多的话题，就是以后合作办一个自己的刊物，自己编排，自己校对，自己发行。

办刊物是需要启动资金的，钱在哪呢？胡也频和丁玲连自己吃饭的钱都靠着丁玲的妈妈从湖南寄过来，而沈从文一个月只有二十元生活费，勉强够维持一个人的生活。常常是在沈从文忙完自己的工作之后，乘着夜色来到胡也频和丁玲租住的小院，两个文弱且善于幻想的大男人彻夜长谈，商量他们做刊物的计划，丁玲在一边陪他们安静地坐着，默默地听着。她很少插言，办刊物写小说的事她不懂，也没有多大兴趣。

两个男人是认真的，他们连办刊物需要的具体费用都计算清了。

沈从文说："两个人办刊物不现实，至少得三人才能办得下去。"

胡也频把目光移向坐在一边的丁玲："我们就是三个人啊。"

丁玲正埋头翻书，灯光有些暗，书上的字看不清，她不过是随便翻着打发时光，一听胡也频把自己也算在里面，慌忙摆手：“先生们，我是不作数的，千万别把我拉进去，我又不会写小说。我充其量也就是给你们当校对而已，如果你们不嫌弃的话。”

丁玲诚惶诚恐的认真样子有些天真、有些萌，本来就圆圆的大眼睛此时瞪得又大又圆。沈从文被她那样子逗得忍不住笑出声，便继续逗她：“没有你，我们办不下去！”

“有了我就办得下去吗？我又不会写什么，加上我充一个角色有什么用处？”

胡也频嘴巴凑近丁玲的耳朵，悄声说：“谁说你不会写什么，用你写情书的文笔写小说，一定能一炮打红。”

丁玲的脸刷地红了，娇嗔地轻轻追打着胡也频，摇着头说：“反正你们的刊物我不管。”

沈从文觉得这个女人与第一次见到的时候真是判若两人，那时候她深深藏起来的女性气质，因为遇见了爱情，完全被释放出来。这个女人在男人面前不风情不做作，不容易给人非分之想，但是一旦遇上自己爱着的人，与其他坠入情网的女性没什么区别。

山路不好走，在那个小院里逗留得太晚了，沈从文就不回自己的宿舍了，留宿在香山碧云寺下那个小屋。三个人的关系亲密而融洽，丁玲把沈从文当成自己的一个哥们，那种比蓝颜知己还要亲一些的哥们，因为他本来就是他的湘西老乡。

至于沈从文对丁玲的感情中有没有男女之情，按照他自己后来在回忆文章中的陈诉，似乎他对丁玲也只是深深的友情，他们忘情地说起与家乡有关的话题时，胡也频是受冷落的一个，除此之外，没有更进一步的男女之情，沈从文那里是丁玲缓解乡愁的一个好去处，只限于缓解乡愁而已，或者，她与胡也频拌嘴吵架了，沈从文便成为她诉说冤屈的最佳对象。沈从文那个时候还无心考虑男女之事，他一步步从偏远的乡下奋斗到京城，自己事业无成，生活尚无着落，不想再找一个和自己一样漂泊着的女子，他此时需要的只是朋友，不是那种特定意义的女朋友。

丁玲天生不是小女子，她的爽直大方是一般女人身上没有的，不时髦、不风情并不说明她不美丽，也不能说明她缺少魅力，她的一切都是天然的，毫无雕琢的痕迹，当然也包括她的冰雪聪明。

她总是推说自己不会写作，胡也频的稿件却总是由她校对修正，然后才寄出去投稿。对于一篇稿件的好与坏，她常常评说得头头是道，由此能看出，丁玲的文字功底是深厚的，只是迟迟不敢动笔写作。

三个人合办刊物的事持续了一段时间，他们甚至从家里筹措了一点资金，然而，刊物最终不了了之，那些随意吹起的五光六色的肥皂泡不过是即刻破碎的泡影，筹来的钱也成为了过日子的生活费。

在西山居住毕竟太偏远，有着极大的不方便，而且，丁玲和胡也频也该自食其力了，总不能一辈子靠着丁玲妈妈的供给活着，更何况她妈妈的年岁越来越大，总有不能出去工作的时候，两个大孩子必须断奶了。

到北京过这样的生活其实不是丁玲的初衷，在湖南、南京、上海的时候，那个曾经坚强自立的少女，怎么会变成一个啃老的懦弱女子？

在城里的汉园公寓住着几个文学青年，朱湘、戴望舒等，胡也频和公寓的主人黄老板商量过了，如果几个人合租那个公寓，房租并不比这偏远的香山脚下高多少，丁玲、胡也频便和沈从文商量，一起搬到那里去住。

沈从文居然同意了，他也不想永远呆在山上，那里离社会太遥远了。

之后，汉园公寓成了一群文学青年的家。

楼后座二楼左角的一间住着沈从文，沿着左边走廊的两个房间，分别住着胡也频和丁玲，虽然是两个房间，却是相通的套间，这两个房间要用靠近楼梯的一个门口出入。每天一早，住在这里的沈从文、胡也频还有其他那些男性文人，便匆匆走出公寓，他们即使没有固定的工作，靠着写稿子挣稿费活着，白天也要到报刊的编辑部去周旋。从那个冬季开始，沈从文得到徐志摩的赏识，大量发表作品，胡也频的作品也频繁见诸于报刊，他们都能够靠着稿费生存了。

胡也频每个月能挣到二十五元左右的稿费了，在北京城里，用这笔钱支撑一个人的日子还凑合，供两个人就紧紧巴巴的。到了冬天，他们租的房间虽然安装着烧煤的炉子，却没钱买煤，屋里实在太冷，赶上有朋友来访的时候，为了表达他们的好客之情，便用旧书旧报临时在炉子里燃一下，为屋子增加些温度。

下山后，丁玲依然是有闲一族。

实在闲得无聊了，就去找前两年在补习学校同住的姐姐们。她们去北大、师大等学校上课，活得非常充实，但自己却空有梦想，一个都没实现。她偶尔也会随着她们去北大蹭课听，但是，作为编外旁听生，总是觉得底气不足，连在校园里走路都溜着墙根儿，去了三五次之后，她就不去了。

眼看着别人都活在希望中，丁玲不想让自己的人生输给别人，她本来是喜欢文学的，在公寓里那些青年作家的影响和鼓励下，也想悄悄拿起笔来，加入到北漂作家的写作队伍中。

胡也频和沈从文经常会带着丁玲去和当时活跃在北京的诗人和作家们小聚，焦菊隐、于赓虞、王鲁彦、蹇先艾等都是他们的好朋友。丁玲还随着沈从文见过一次正活跃在文坛上的女作家凌叔华，那时候，凌叔华的成名作《酒后》已经发表了，许多报刊都抢着发表她的稿件，她本人正在燕京大学外文系读书，在文坛上气头正盛。沈从文虽然也有了些小名气，还属于落魄的穷文人，像凌叔华这种出身高贵的大家闺秀，她的家他们是进不去的，他只能带着丁玲在她家门口等。

沈从文腋下挟着一些书籍和纸张，丁玲一袭素色布衣，陪在他身边，他们已经等了一段时间了，两个人聊着天，所以等得很从容。

那天，凌叔华远远走过来，她气质高雅，有京门大小姐的孤傲，有名校女大学生的沉静睿智，兼有文艺女青年的浪漫个性和不俗才情。那天，他们谈了很久，说了很多话，过后想想，丁玲也不记得究竟说了些什么。不过，这个女作家给了丁玲很大的震动和启发：女子一旦成为作家就是与众不同，这个女作家的谈吐和姿态，和她见过的那些女子都不一样。

写作会改变一个女人的状态吗？即使不写作，她也必须改变，让自己生活独立、灵魂独立、思想独立、人生独立。

她正在考虑谋求自己的突破方向时，一九二七年春天，

“四一二”事变爆发了，政治风云骤变，一切来得那么突然，当年她在上海的一些同学朋友都牺牲在那场血雨腥风中。丁玲陷进痛苦悲伤和绝望中，虽然她这几年没和共产党人接触，但是，对共产党的信仰一直是她精神上的支柱，这些日子她还曾考虑回上海，找那些让她充满梦想的共产党人。这场血腥的政治运动毁了她的期望，让她精神上痛苦不堪，她感觉自己的梦想折了翅膀，理想没了方向。现在，她别无他路，只有练习写小说，从写小说中寻求一种精神和灵魂的安慰。

摊开稿纸，拿起笔，丁玲方才发现自己根本不知道该从哪里写起。胡也频总说她书信写得好，平常的一封烦琐家书，在她笔下，那文字便生动形象、亲切温柔、趣味十足。她决定就用这种记叙类的书信体写作。现在她属于有闲女子，有大把的时间用来安静写作。

她猫在自己的房间不出去，开始时候偷偷地写，她的身边都是高级写手，她怕自己写的文字太幼稚，被他们笑话。公寓的男人们走了，她便铺开纸张写上一天，他们回来了，她把写的稿纸藏起来，不让他们看到。

某一日，突然有朋友来访，丁玲刚写好的几页手稿就放在桌子上，便来不及藏了。朋友拾起读了，感觉这文笔清新温婉，便问谁写的？丁玲红着脸谦逊地说：我写的。大家这才知道，她暗下在悄悄搞创作呢。

一鸣惊人大约就是指丁玲这样的人，一九二七年秋天，她的第一篇小说《梦珂》写完后，心怀忐忑地寄给了《小说月报》。她本来没有抱任何希望，像沈从文、胡也频这样已经有了名气的写手，还经常收到《小说月报》的退稿信，她这种无名小辈，搞不好连退稿信都收不到。

稿子寄达后，编辑叶圣陶读完这篇小说，立即意识到这是一篇不可多得的好作品，当即便开始编辑，并发表在当年的十二月刊号上。

《梦珂》造句新颖、结构别致、风格特殊，充满对社会的卑视和个人孤独灵魂的倔强，她一出手就显示出与男作家不一样的细腻和女性意识。作品一发表，便引起当时文坛的一片轰动。

初战告捷，是丁玲始料不及的，她得到了无数的鼓励，无数的赞誉。她并没有飘飘然就此停步，那个冬季因为满心都是成功的喜悦，她都没感觉到严冬的寒冷。接着，她立即开始了下一部小说的创作，这部小说，便是她的成名作《莎菲女士的日记》。

这部中篇小说用日记体创作，女主人公莎菲，是“五四”运动后成长起来的一个叛逆女性，个性独立。小说中的男女主人公都是像丁玲、胡也频、沈从文这样的北漂一族，却又有在上海时瞿秋白、王剑虹、瞿云白的影子。小资女子莎菲追求新生活，追求自由的爱情，追求个性解放，却又不知道新的出路究竟在哪里，这种苦闷、彷徨是丁玲自己的，也是许多和她一样那些民国初期新女性共同的。小说在一九二八年的《小说月报》发表后，立即引起一片共鸣声，震撼整个文坛。

她迅速成名并大红大紫，这蹿红的速度不但吓坏了她自己，连胡也频和沈从文也大跌眼镜，一不留神，他们身边便冒出来一个当红女作家。几个月前还扭扭捏捏说自己不会写文稿的居家女子，居然蕴藏着如此大的能量，他们过去只是觉得丁玲应当能写一点什么，没想到，她对文字的把控能力，对文学的感觉具有这样高的水平，她是天才啊。

那一年，真是一个丰收年，一年中，丁玲在最有影响力的刊物《小说月报》发表了四篇小说，《莎菲女士的日记》之后，《暑假中》《阿毛姑娘》等在《小说月报》接连发表，那年，在《小说月报》发表作品数量上，沈从文排第一，丁玲则和茅盾并列第二。

遇上诗人冯雪峰

胡也频和丁玲没有举行婚礼，但在朋友们眼里，他们已经是一对小夫妇。

不过按照丁玲自己的说法，他们只是一对恋人，虽然同吃同住同写作，却没有超越男女朋友的界限，他们像是两个能开心地玩到一起的大孩子，快乐地生活在一起，做着好玩的爱情游戏，白天手拉手玩耍，夜里抱在一起入睡，在别人眼里，他们是情投意合、恩恩爱爱的小夫妻，在他们自己心目中，彼此都是对方最好的最亲密的知己和朋友。

有时候，丁玲会和胡也频开玩笑说：“你若有了爱人你就走，我若有了爱人我就走。”

胡也频则摇摇头痴情地说：“这辈子我的爱人只有你一个，我哪儿都不会去，也不许你走。”

这对浪漫的情侣后来在爱情上却戏剧性地遇上了一桩难题。

一九二八年初春，沈从文去上海发展了，因为当时中国的文化中心已经南移，许多文化名人都离开北京奔向上海。

临走的时候，沈从文特地去大商场买了一副美丽的羊毛手套送给自己的湘西老乡丁玲，在这寒冷的季节，这副羊毛手套很实用，戴上它一双冰冷的手儿立即温暖起来，这个礼物丁玲很喜欢。

过去沈从文在北平的时候，和丁玲、胡也频之间号称三人组合，这三人组合经常同进同出，连躲房东收债，都是一同出去，深夜再一同摸回住处。如今，三个人忽然变成了两个人，仿佛缺少了点什么。不过，走了一个之后没多久，便又填充上一个，新填充上来的这个人就是诗人冯雪峰。

冯雪峰是在一个乍暖还寒的春日里出现的。

丁玲的《莎菲女士的日记》完稿了，忙碌之后又陷入空虚，愈发显得寂寞难耐，能替自己解闷的老乡去上海了，胡也频整天忙着他自己的事情，她化解寂寞的方式就是想学点什么。学什么呢，俄语已经学了一些，还是再学点日语吧。她想学日语是有用意的，那段日子，她忽然生出了想去日本留学的念头，日语的日常用语关一过，她就可以去日本了。

丁玲让胡也频帮她物色一位日语老师，胡也频就把寻找日语老师的事交给了好朋友王三辛。

王三辛是个做事很认真的人，他觉得，给冉冉升起的文坛新星丁玲找老师，必须找个靠谱的，很快就找到了一个为丁玲教日语的人。找来的这个日语老师冯雪峰也是文艺圈里的人，他一九二一年就加入了文学团体晨光社，一九二二年与应修人、潘漠华、汪静之组成湖畔诗社，和丁玲相比，算是出道较早的老作家了，最重要的是，冯雪峰是中共党员，王三辛也是党员，他们是朋友兼革命同志，彼此都知根知底。

约好了见面的时间地点，在一个带着些许暖意的寒春午后，冯雪峰来了。

王三辛向丁玲介绍："他就是冯雪峰，以后就是你的日语老师了。"

丁玲惊诧地望着王三辛身后那个人，这个人居然就是自己的日语老师？在没见到他之前，丁玲对这个未曾谋面的日语老师做过无数种设想，这个人的样子，与任何一种设想都差得非常远。她以为，在北大学日语的青年男子，又是个诗人，应当是风流倜傥、英俊潇洒，但是站在自己面前的这个人土里土气，怎么看都像个乡下人。她看惯了瞿秋白、胡也频、沈从文这一类文质彬彬的男子，突然见到一个如此阳刚的文人，她一时还适应不了。

向丁玲介绍完冯雪峰，便是向冯雪峰介绍丁玲。

冯雪峰率先绅士地伸出手，彬彬有礼的模样，和他的长相以及装扮看上去有些不符，所以让人觉得有些别扭，他介绍自己说："我叫冯雪峰。"

丁玲有些懵懂，迷糊地和他握了握手。

据说，这个冯雪峰出生在江南水乡，老家是浙江义乌，但是，从他的外表，一点都看不出江南水乡之人的气质，皮肤黑粗、瘦而高、身上的衣服皱巴巴的，一看就是地摊上的廉价货，脸上的轮廓也是硬硬的粗线条，四方脸上最显眼的是一双不算很大的眼睛，目光中有着农民式的真诚和淳朴。也许因为他皮肤的黑粗，也许因为他目光中的质朴，丁玲对他的第一印象是：这是一个又丑又土的乡下人。其实，依照一般人的审美观，冯雪峰绝对不能算是丑人，有个头、有棱角分明的脸部线条，五官很有立体感，只不过他的长相不像南方人，倒是有几分像北方男人。

她不明白为什么自己突然无限失望，这人还是著名诗人？就这个气质还能写出好诗？

既然这人是自己托人找来的老师，就得客客气气地请进屋里，先聊聊再说，万一他应了那句“人不可貌相”呢。

进了屋，随便聊起来，丁玲发现，这个看上去有些笨拙的男人，嘴巴和思维一点都不笨拙，他们并没有说与日语有关的话题，而是谈文学、谈时事，他的观念总是那么前卫，说着说着就会给丁玲眼前一亮的感觉，把丁玲的兴趣完全吸引到他的那些话题上去。

“这个男人简直就是天才。”丁玲渐渐忘记了他的长相，那一日她听到的新名词，比到北平之后这些年加起来都多。

从午后聊到了日头西斜，冯雪峰看看窗外的天色，抱歉地笑着说：“对不起，耽误了你这么多时间，天不早了，我该回了。”

丁玲正瞪着大眼睛入神地听他讲，戛然而止的聊天让她有意犹未尽之感。“你说得真好，再聊会儿。”她像个任性的小女孩，不想让他马上就走，他的博学多才已经征服了她。

王三辛适时说道："我给你找的日语老师没错吧，来日方长，下次再谈吧。给你们师生把桥搭好了，以后冯雪峰自己来就是了。"

"我也可以自己去找冯老师。"丁玲极力表现自己的诚意。

"还是叫我冯雪峰吧。我自己来就是了，你一个女士跑来跑去的不方便。"冯雪峰目光中依然是无可争辩的真诚，丁玲与他四目相对的一刹那，心中突然觉得，这个人其实也不算丑，虽然长得不如胡也频清秀，却更像个大哥哥。从谈话中丁玲已经知道，他和胡也频年龄相同，都比自己大一岁。

那个晚上，丁玲睡不着，脑子里总是出现这个乡下人的影像，她不明白自己这是怎么了。

之后的日子，彼此接触多了，丁玲发现，自己总是有意无意把冯雪峰和胡也频作比较，他们是完全不同的两种男人，一个阴柔，一个阳刚，一个是和自己共同生活了好几年的恋人，一个是刚刚认识不久的日文老师。可是，不知为什么，她觉得现在自己心里放不下的，并不是胡也频，而是冯雪峰。他来了，她像个小女孩一样快乐，他一走，立即就把她的快乐带走了，使她魂不守舍。

敏感的胡也频很快就发现了丁玲的变化，他不能说破，心里便更加痛苦。

说是找了个日语老师，但丁玲的日语一点都没学会。冯雪峰一来，她学日语的兴趣一下子全没了，她最爱听他讲文学，他在文学方面简直就是天才，丁玲从来没有系统学过文学方面的课程，冯雪峰为她讲文学，相当于给她补上了文学课。

文学课补了不少，小说却一点都写不下去了。那个春天，丁玲陷于她生命中史无前例的单恋之中，她发现自己已经深深地爱上冯雪峰，但她不知道冯雪峰是不是也爱她。摊开稿纸，她什么都写不下去，脑子里挥之不去的都是冯雪峰的影子。

他也爱我吗?

我只要他说一声：我爱你!

这痛苦没人能懂，当然胡也频也痛苦，他的痛苦和她不一样。

就在丁玲被冯雪峰吸引的同时，冯雪峰也深深被丁玲吸引住了，从见到她的那一刻起，他就被她俘虏了，他自己当时的感觉是：完了完了，在这个女人面前，名誉或者地位都一文不值了，这便是一见钟情吗?这便是传说中的爱情吗?作为男人，他保持了应有的理智，装作不在意的样子，他愈是这样，狂热的丁玲愈是痛苦。

直到晚年，冯雪峰逝去七年后的一天，骆宾基走访丁玲，才对她说起了一九三九年春天他与冯雪峰见面长谈时，冯雪峰说到对丁玲一见钟情式的爱情。骆宾基回忆说："我印象当中，他见了你，有一个感想，完了，什么都完了，名誉呀，地位呀，都完了。我心里想，怎么会有这种感情呢？后来年纪大了，才懂得，那也是一种被俘虏的样子，一见就钟情的样子。"

斯人已逝，这段封存的感情并没有随着他的消失而淡去，当时已经年逾古稀的丁玲想起当年的青春往事，轻声说："那他都没有给我讲过，没有表现过。"

在错的时间遇见对的人，是无法释怀的怅惘和遗憾。是不是因为相遇太晚了，自己身边已经有了一个他？愁肠百转地思来想去，反思她和胡也频之间的爱情，她越来越感觉，自己和胡也频之间其实并不是真正的爱情，就像胡也频最初追求自己的时候想做自己的新弟弟那样，在她心目中，胡也频就是一个寄托感情的新弟弟。没有遇上真正爱情的时候，会误以为和这个新弟弟之间的感情就是爱情，一旦真正的爱情出现，立即就顿悟了，原来爱情不是这样的，爱情要有心动的感觉，要一日不见如隔三秋，要时时刻刻偷偷想念。这是她长这么大第一次尝到了爱情的滋味，过去对瞿秋白的暗恋，以及和胡也频的爱情游戏，都没有这种酸甜苦辣的味道。

人生中最害怕的是错过，丁玲决定不能错过冯雪峰这个人，她要对他表白，然后看看他是什么态度。

其实，她不用表白，冯雪峰已经从她多情的目光中把什么都读懂了，他心中是甜蜜和惊喜的，没想到美丽多才的女作家爱上自己这样一个乡巴佬式的男人。

冯雪峰很遵守时间，按时来给丁玲上课，那个夜晚上完课，丁玲送冯雪峰下楼，在楼梯口，丁玲站住了，轻声对冯雪峰说："明天抽空陪我去北海走走吧，我在北京太寂寞了。"1928年6月，北京改为北平市，但是丁玲还是习惯把这里称作北京。

冯雪峰愣了一下，最终还是答应了。

第二天一大早，胡也频还没起床，丁玲就出发了。胡也频慵懒地问："这么早，去哪儿？"

"北海。"丁玲随意地答道。

"一个人去那里做什么？"

"还有一个，冯雪峰。"

丁玲说完就走了，留下胡也频躺在被窝里默默吃醋。

在北海游玩，时间还充裕，他们又去别的地方走了走，中午时分，他们走到中山公园的来今雨轩饭店门口。丁玲说：

“不如我们进去一起吃个饭。”

冯雪峰看看四周，建议说：“不如把胡也频一起叫过来。”

丁玲从冯雪峰恳切的目光中，感觉出他不愿这样和她一男一女在外面吃饭，便答应了，找了电话打回住的地方，是一个朋友接的，朋友告诉丁玲，胡也频今天像发了疯一样，正到处找你呢，你让他过去一定是一场恶战，还是先在外面躲一躲吧。

丁玲默默挂了电话，冯雪峰不明白胡也频为啥没来，但还是陪着丁玲走进饭店。

那个中午，丁玲独对冯雪峰，把该表达的终究是表达了，尽管表达得有些婉转，冯雪峰听懂了，他沉默不语，没有在脸上表现出惊喜之色，也没有像胡也频当初追丁玲那样趁机发起情感攻势。他沉默了良久，说出一句话：“我其实是准备这一半天要去上海的。”

“我不许你去，哪儿也不要去，就留在北平，留在我身边。”丁玲像一个小女子娇嗔地说。

冯雪峰深情地看了她一眼，不置可否。

他沉默了，丁玲反倒又软下来：“如果你想去，就去吧。我知道上海对你来说有更大的发展空间，我要的是天长地久的爱情，不在乎这一时一会儿。”

这样通情达理的女子，任是哪个男人都会被她征服。冯雪峰觉得，自己真的该去上海才是，在北平这样和她交往下去，非惹出大麻烦不可，假如胡也频知道丁玲狂热地爱上了他，一定会来找自己拼命的。

冯雪峰以为，时空的距离可以割断和冷却这位痴情女子对自己的痴痴爱恋。只是他不知道的是，抽刀断水水更流，有了爱情的人，即使千山万水之遥也隔不断刻骨铭心的思念。

一场柏拉图式的爱情

冯雪峰走了，丁玲陷入痛苦和难挨的思念之中。

冯雪峰走了十多天了，他走后的每一个日夜，对丁玲来说都是度日如年的感觉。她快被思念逼疯了，每个夜晚，思念吞噬着沉沉的黑夜，让她无法入睡，白天，她什么也做不下去，只有在纸上诉说着对他的情和爱，他回过一封信，措辞规整，没有一个与爱有关的文字，这更激起她的征服欲，她一定要征服他的感情，一定要让他亲口说出“我爱你”。

这个走火入魔的女子，当前的状况是瞒不住任何人的。

胡也频愤愤地问她：“你是不是疯啦？”

“你发现什么啦？”丁玲反问他。

“你为那个乡巴佬发疯啦，傻子都能看出来。”胡也频不屑地说。

丁玲长吁一口气：“我正发愁怎么对你说呢。频，亲爱的，我必须离开你。现在我已懂得爱意味着什么了，我现在同他相爱了！”

胡也频这一次印证了自己的猜疑是没有错的，丁玲的言外之音是，她和他在一起从来不懂得什么是爱情，但从那个乡巴佬冯雪峰那里，她懂得了。这话很伤人，让本来就已经很痛苦的胡也频感到更加痛苦和悲哀。

丁玲说，自己要离开北平，去上海找冯雪峰。请注意，她不是说去上海，而是去上海找冯雪峰。其实她只要说去上海，就昭示了前行的目的，她还说去找那个男人，胡也频一下子就崩溃了，他和她争吵起来。争吵的结果依然是丁玲去上海，只是去的日期又提前了，本来她说过几天去，经过这次争吵，她决定第二天就启程。

胡也频像一只打了败仗的斗鸡，垂头丧气坐在那里。他在生丁玲的气，怨这个女人无情善变，也在生自己的气，怨自己对她太多情，怨自己太窝囊。气过之后，他冷静下来，开始连夜收拾行装，丁玲的东西，他自己的东西，都收拾进行囊，丁玲始终沉着脸看他忙碌：“收拾你自己的东西做什么?”

“我要同你一起去。”胡也频说。

“你去做什么?”

“你一个人去我不放心。”

丁玲看他坚决的样子，无语地叹了一口气，随他去吧。

冯雪峰到上海不过也就是两周时间，丁玲和胡也频尾随而至。

到了上海，他们歇脚的地方是他们共同的老朋友沈从文的住处——位于法租界善钟路的一间房屋。找到这个地方放下行李，两个人风风火火到《小说月报》编辑部领了欠他们的稿费，顺便在街上买了点吃的，又回到沈从文那里。

那个夜晚，老友重逢，他们吃着，聊着，不知不觉就到了深夜。

丁玲说：“早些睡吧，明天还要赶路。”

沈从文不解：“赶什么路？你们不是准备在上海发展吗?”

胡也频意味深长地看了丁玲一眼，那目光怪怪的，语气也有些怪：“人家要去杭州。”

“去杭州做什么？这里比杭州不是更好一些吗。”沈从文说。

“去杭州可以更加安静地写作。”丁玲回答。

“主要是有人在杭州等着呢。”胡也频无力地说。

沈从文虽然疑惑，还是若有所思地点点头：“也好，那就早些休息。”

第二天天刚蒙蒙亮，沈从文听到，隔壁房间的两个人一大早便开始吵架了，他们两个在北平时就经常打打闹闹，沈从文已经习惯了，很多时候，他们都是由沈从文调解才重归于好，所以，对于他们这一次的吵架，沈从文并没在意，只是淡然一笑：这两个永远是长不大的孩子。

吵着吵着，后来沈从文听着有些不对劲儿了，从吵架的内容中，他听出，这里面貌似不只是他们这对小恋人的事，还牵扯到第三个人。他悄悄爬起来，走到他们门口，偷偷向里面观望。

听得出，一个在哭，一个在骂。

胡也频说：“我早就知道你已经不爱我了。”

“爱又如何，不爱又如何。你那么不信任我，你敢说这叫做爱吗?”丁玲虽然在啜泣，语言还是很犀利的。

胡也频：“我就是太信任你了，才把你惯成这个样子。”

丁玲：“你那么多疑自私，还说在爱我!”

胡也频：“我信任你，你就成天到他住处去……。如果不是因为我们中间横着一个他，你也不会对我这样。”

丁玲：“我到他那儿去做什么，你都知道的。”

胡也频：“你们在一起，我又不在，做什么我怎么会知道?”

丁玲哭得就更厉害了，本来穿好了大衣准备出门的，一气之下把大衣脱了，从衣袋里拿出钱夹，把昨天刚取回的稿费全都倒了出来：“好啦，频，什么都不要说啦，我们好说好散，这里面的钱我一个都不留，都给你。我空着手走，以后你也不必再找我!”

胡也频此时因为正在气头上，似乎阳刚了一些，他愤愤地说：“你走你的，我知道你离开我就到什么人的身边。”

“知道又如何？我爱他，他是我爱上的第一个人。”丁玲嘤嘤嗡嗡地哭着，她哭得很伤心，随手拿起了沈从文离开北平时送给她的那双美丽的羊毛手套，狠狠用牙齿咬着，直到咬得破碎得不成样子。沈从文看得这叫一个心疼，这手套花了他不少的大洋，瞬间就变成了这个悲惨的样子。

不过听着话语中，以为和自己有关系。可是，他没感觉到丁玲怎样爱自己啊？如果爱上自己了，总要有些眉来眼去的小感觉吧，怎么从来没有过?

再听，疑云破解了，丁玲爱上的那位原来是在杭州等着的男人，听那意思，那个男人也是刚从北平到上海没多久，前两天去杭州打前站了。最后，他终于听明白了，那个人就是冯雪峰。

丁玲爱上了冯雪峰？沈从文刚从自己没有被卷进他们的感情风波中长吁一口气，马上又为胡也频担心起来，这个迂腐书生，连自己的恋人都看不住，这可如何是好啊。

争吵中，丁玲气愤地开了屋门，发现沈从文站在门外，丁玲擦着眼泪，不好意思地把撕扯得不成样子的手套藏在身后。

胡也频则强作笑颜："你醒啦。"

这里顿时平静下来，仿佛一切都没有发生过。

沈从文从来没见过他们的争吵以这样的形式和解过，他觉得越是这样，问题越严重，他们不想把"家丑"外扬，可是，依照胡也频的承受能力，他承受得了这么大的打击吗？沈从文轻轻拍了拍他的肩膀，暗暗为他鼓劲。

本来的计划是吃完早饭就去杭州，这一吵一闹，连去杭州的班车都误了。因为早上的打闹打扰了沈从文，丁玲为了表达歉意，下午请他一起玩耍，三个人暂时又像在北平的时候那样，组成三人组合，到电影院看了一场电影。

第二天一大早，丁玲和胡也频坐上去杭州的车，直奔西子湖边。

冯雪峰已经按照丁玲的要求，在杭州葛岭为丁玲和胡也频租了房间。丁玲说想去杭州安安静静写作，让冯雪峰帮她去租房子，冯雪峰此时也已经坠入情网，陷入痴情中的男女，总是将对方的任何一个要求都看作是圣旨，本来做事理性的冯雪峰，当时想都没想就跑到杭州为丁玲去租房了。

冯雪峰租的是杭州葛岭玛瑙寺后的平房，丁玲告诉他租两间，他就租了两间，他本来是想房子租好，等丁玲他们入住后，他就返回上海，丁玲却拦下了他，让他也在杭州住下来。

丁玲留下冯雪峰一起住在这里，胡也频自然很生气，他说："人家既然想走，就放人家走呗，都留在这里做什么?"

"我们三个人一起生活，一起写作，该是多好。"丁玲提出一个奇葩方案。

"我还是回上海好。"冯雪峰觉得这个方案不太靠谱，他虽然爱丁玲，中间多了一个胡也频，他无法面对这么复杂的爱情。

胡也频起初就不同意，当然更是坚决反对。

丁玲主意已定，这个女权主义者，一定要让自己喜欢和喜欢自己的男人们都陪伴在自己身边，此时，这两个男人，她还举棋不定该取舍哪个，她要通过共同的生活进一步考验他们。

两间房子，冯雪峰一间，胡也频一间，丁玲穿梭在两间房子之间，她遇上文学难题找冯雪峰，写小说的时候找胡也频。

胡也频首先撑不住了，他看到丁玲走进冯雪峰的房间就生气，看到他们在一起谈笑风生就妒火中烧，在杭州住了一个星期，他一气之下独自一个人走了，乘着夜色到了上海。

在上海街头踟蹰了良久，心中的郁闷愈发堵得满满当当，胡也频觉得还是去找沈从文诉诉心中的苦楚，过去每每和丁玲闹了别扭，都是沈从文帮他解决。

夜未央，沈从文还在灯下写文，有人咚咚敲门，开门时，却是胡也频，只他一人，向外望，没有丁玲的影子。

“你一个人来的?”沈从文觉得奇怪。

胡也频坐在床边，一脸凄惨的苦笑：“我准备留在上海，不回杭州了。”

“这又是为哪桩？和丁玲吵架了?”

“现在她哪里还有心和我吵架，心思都在那个人身上。”

“哪个人?”

“就是和我们住在一起的那个男人。”

沈从文恍悟，在杭州不仅仅是胡也频和丁玲生活在一起，他们的生活中还有第三个人，这个人就是冯雪峰。胡也频因为难以忍受杭州的三人行，才独自跑到上海来了。

他的离去相当于自我放弃，剩下的便是丁玲和冯雪峰了。

沈从文觉得这爱情有些复杂，胡也频大约自己是解不开这道爱情难题了，需要得到他的帮助，于是，他轻声问道：“你准备放弃吗?”

胡也频点点头，又摇摇头。

“如果你不准备放弃，立即回杭州，越快越好，否则，夜长梦多，你就真的一点机会都没有了。”

胡也频听从了沈从文的建议，第二天就匆匆返回了杭州，继续他们的爱情三人组。

丁玲在这之前总说自己和胡也频之间是一场柏拉图式的爱情，那么，现在和冯雪峰之间，依然还是柏拉图式的爱情。

这一生，最怀念的只有他

两个男子都深深爱着丁玲，只是他们爱的方式不同而已。

他们纠结、他们痛苦，但最痛苦最纠结的还是丁玲。她的爱情天平已经明显倾向冯雪峰，可是，她又不忍心伤害胡也频，也割舍不了这几年相濡以沫的感情，甚至还有几分亲情。

冯雪峰用沉默表达着自己的痛苦，胡也频则用哀求和泪水缓解自己的痛苦。

胡也频觉得，理在自己这一边，总得有个先来后到吧，他早就已经把丁玲看作是自己的女人，现在突然冒出个乡巴佬和自己抢女人，他当然要捍卫自己的尊严。他写得比说得好，便打算用写信的方式挽回丁玲的爱情：

> 呵，我的隐痛，如深谷之黑暗，永不见光明来抚摩；倘若我公布了这衷情，当使那灿烂之朝霞，变成初死之女的乳白之颜色，为悲悼我的命运之表征。但我终是弱者，不敢仰天狂呼，说出我的损失之重大，我只能悄悄的哀恳：恳求你，我的爱，赐我以恩典，表现你心之趋向，好使我成一个幸福的歌者或不幸的流落之穷徒！

这信，丁玲读过之后更加左右为难，她知道胡也频爱她，他在信中催促她不要再举棋不定，赶紧定夺，把心交给他。丁玲没有马上做决定，她在等待冯雪峰的表白，如果写这封信的人是冯雪峰，她立即就能决断心之趋向。

冯雪峰一直在沉默，这无言的沉默对丁玲是无声的折磨，她最爱的人是冯雪峰，胡也频最爱的人是她，冯雪峰似乎也爱着她，但是，他爱她有多深，她不知道。

爱情三人行，一个女人，两个男人，必须有一个人选择退出，胡也频自从加入到这个组合中，就决定做铁杆队员，即使当板凳队员，也要坚守到底，他是坚决不会主动退出的；丁玲如果退出了，这个三人行就宣告散伙了，她是核心力量，自然不能退出；冯雪峰其实也不想退出，他的心只有他自己知道，他对丁玲炽烈的爱被厚厚的冷漠包裹着，他内心是最矛盾的，因为丁玲身边有个先到的胡也频，他不愿做第三者，可是，看到丁玲那样爱自己，他又舍不得也不忍离开她，爱也不是，不爱也不是，思来想去，冯雪峰决定牺牲自己的爱情，退出！

冯雪峰纠结了很久，终于理智地开始收拾自己的行囊，他觉得自己才是多余的人。

他收拾行装的时候，丁玲一直默默陪伴在他身边。

“你要走吗？”她问。

“嗯。”他答。

“几时回？”她的声音中带着颤抖的泪腔。

“不回了。”他压低声音貌似很坚定，眼里却有了些潮湿的感觉。

“你不爱我吗?”她忍着泪水，倔强地问。

他默然不作答，空气似乎已经凝固，他一直不抬头，装作认真收拾东西，直到一声关门的闷响和远去的脚步声打破这死沉的凝固。他知道，她伤心了，他其实已经在心底说了无数遍“我爱你”，却始终不敢说出口。

他暗下决心，走之前一定把自己对她的感情告诉她。

离开之前，她来了，告诉他，自己最爱的人永远是他，不管他走多远都不会改变，既然不能生活在一起，以后她就不想再见到他了，有这个“柏拉图式”的爱情就够了。等他走后，她就和胡也频正式结婚。

“好，祝贺你们。”他的声音低沉而沙哑，那声“我爱你”终于还是没有说出来。

冯雪峰走了，丁玲泪眼婆娑地看着深爱的人渐渐远去，她声声地抱怨：为什么不更爱我一点，为什么不想获得我?如果你回一回头，我会立即义无反顾地跟着你一起去浪迹江湖，不管日子有多苦。

这是丁玲生命中真正深爱过、真正追求过的一个男人，她说，这个男人燃烧过她的心，这是她最怀念的一个男人。

冯雪峰离去，西子湖畔只剩下了丁玲和胡也频。如果对胡也频没有那么深的爱情，丁玲其实是不必凑合的，她也可以选择离开。但是，面对胡也频那炽热的感情，她决定，还是留下来，她知道，他离不开她，别人没有她还会选择新的生活，他没有她就会死，他会为她的离去自杀的。也许，在以后的日子里，很难再遇上这样爱自己的人了，如果不能嫁给自己最爱的那个人，那就嫁给最爱自己的那个人吧。

时隔半个多世纪之后，当年自己最爱的那个人和最爱自己的那个人都已经作古了，丁玲拂去历史旧尘回忆往事，曾经这样说："对我来说，情况非常复杂。虽然我深深地爱着另一个男人，但我同胡也频同居了很长一段时间，我们彼此都有很深的感情依恋，如果我离开他，他就会自杀，我决定，我不能同我所爱的这个人生活在一起，于是对他说，虽然我们不能生活在一起，但我们的思想是分不开的。并说，世界上只有一个人是我所爱的，不管他可能离得多远，这个事实决不会改变。我说，因此，我们的爱情必须是'柏拉图式'的。这个决定使他非常痛苦。我最后不得不拒绝继续看到他，并完全断绝了这种关系。"

断的只是暂时的联系，而不是一生的感情。

丁玲和胡也频历经坎坷之后，正式开始了婚姻生活，杭州成了他们度蜜月的地方，他们的正式同居，也让冯雪峰彻底没了机会。一九二九年春天，冯雪峰匆匆忙忙地和他在老家义乌县立初级中学教书时的学生何爱玉结婚，婚礼很简单，没有宴请宾朋，没有添置任何家具。他结婚的时候，丁玲和胡也频也在上海，婚讯传来，丁玲心中五味杂陈，这个人从此是别的女人的丈夫了，相爱而不能相守，只有身在其中的人，才知道个中滋味。

丁玲和冯雪峰的关系，充其量只能算是彼此的知己，只有这种纯真的情感才可以维系一生，他们相知一生，相互牵挂了一生。后来，丁玲大大方方地把这段感情公布于众，若干年后情深意长地告诉别人，她一生最怀念的男人是冯雪峰。

杭州景色优美，适宜静心写作，正当丁玲和胡也频要潜心住在葛岭多创作些文学作品时，胡也频的母亲带着两个小儿子从老家来到上海找儿子和儿媳来了，听说儿子娶了个女作家做老婆，她一方面想看一下新媳妇，另一方面想让两个小儿子跟着哥嫂在上海读书。丁玲跟着胡也频连夜退了杭州租的房子，慌慌张张来到上海，见到了那个操着一口听不太懂的闽南话的婆母和两个面对新嫂子而不知所措的小叔子。

好在丁玲刚刚拿到小说《阿毛姑娘》的六七十元稿费，还能把突然从老家赶过来的婆婆、小叔子安顿下来住店吃饭，婆婆是个善良的女人，一眼便看出儿子儿媳在外面没有挣上大钱，根本供养不起他们这些人，住了不多日，就回老家了。

既然回了上海，丁玲决定不再回杭州了，杭州是她的伤心之地，触景生情，影响情绪，当初选择了杭州是因为冯雪峰，那个留下了许多凄美爱情故事的地方，就在心间成为回忆吧。起初，她还奢望，在上海或许还有机会见到冯雪峰，就在他们刚到上海的那几天，冯雪峰被党组织派回到故乡义乌，任城区支部书记，他们又失之交臂。

上海的房租虽贵，如果租一间租金便宜的亭子间，他们还是能够负担起，最后，两人在永裕里十三号三楼租了一间亭子间住下来，继续他们艰难的写手生涯。微薄的稿费虽然不能给他们提供优裕的生活，不过，他们的心比在北平时贴得更近了，日子平淡而幸福。仲夏时节，胡也频在上海找到了第一份工作，到《中央日报》担任副刊编辑。

沈从文、丁玲、胡也频，过去在北平时候的三人组合现在又在上海聚齐了。人间书店找沈从文，想请他牵头编辑一个月刊，沈从文立即想到了三人组的那两个，当初在北平的时候，他们三个书呆子就想自己办一个刊物，但因为种种原因没有办成，现在机会来了。他们从胡也频父亲那里借来一千元钱，在萨坡赛路二百零四号租了房子，房子在二楼，房子下面的一楼是一家牛肉店，在飘着牛肉香味的环境中，三个人这次终于成功创办了《人间月刊》和《红黑月刊》。

“红黑”这个刊名是丁玲和沈从文起的，在他们故乡的湘西土话中，“红黑”就是“不管怎样”、“横竖”的意思，湘西人更是常常说：“红黑都得吃饭的。”把这句土语用作刊物名称，显示出作家们我行我素、什么都不在乎的洒脱气质，这是他们的天性。

后来，虽然“红黑”被解释为象征光明与黑暗，或激烈与悲哀，或血与铁，但是，当时这三个年轻作家实在还没有那份革命的自觉，他们就是想办一个纯文学的、充满个性的、高质量的文学刊物。

经过他们的努力，刊物办起来了，他们本来是想把事业做大的，没想到刊物不过办了三五期就倒闭了。在大上海的出版业，他们这样的初生牛犊把刊物做倒闭是必然的，他们既不懂经营，也没有办刊经验。刊物从创办第一期就开始赔钱，一直赔着本坚持着，钱没挣上来，事业没有任何起色，刊物却悲壮地倒闭了。丁玲后来慢慢意识到，他们三个人要做成一件事其实并不容易，每个人的性格、思想都不一样，丁玲天生爱幻想爱做梦，沈从文喜欢动摇，立场不坚定，他不想当清贫的作家，胡也频虽然立场坚定，却固执己见，他认准的事谁都说服不了。这样的三个人凑到一起，真的做事情的时候，才发现根本就无法搭伙，于是，几个月后，创办刊物的梦破灭了，他们欠下一屁股债，但是也积累了一定经验，结识了一群上海文艺界的朋友。

欠债，就要想办法还。他们各自去想自己的办法，胡也频离开上海去山东省济南市省立高中教书，沈从文在胡适推荐下去了中国公学教书，两个作家变成了两个教书匠。

丁玲没有跟着胡也频一同去山东，她决定留在上海，安安静静搞创作。

三人组合就此解散，各奔东西。

自从那年和胡也频走到一起，丁玲从来没有和他分开过，她过去不知道自己有多么依恋他，分开之后才知道，原来她一天都离不开他。

丁玲独自住在上海，正是严冬时节，点燃煤火炉子，坐在温暖的阁楼上写着小说，室内灯光很暗，即使是白天也要亮起蓝罩的台灯。台灯亮起来，这温馨的氛围不由得就让她想起胡也频，她根本无法专心致志写作，她的思念如潮水般袭来。看来，没有胡也频在身边，她是无法进入写作状态的，于是，一个月之后，她便去山东济南找胡也频了。

依照丁玲的经济实力，在大上海，她绝对算不上最时尚的女子，但是，在闭塞淳朴的济南街头，她的装扮在那里的人看来是最新式的，她一袭西式裙装，脚上穿着高跟鞋，摇摇摆摆地走在坑坑洼洼的大街上，引人注目。胡也频在穿高跟鞋的丁玲身边，个头上便吃了亏，显得比丁玲还要矮，却要时不时扶丁玲一把，防止她崴脚或者摔倒，这两个人一出门便格外抢眼，成为济南街头一道奇异的风景。

胡也频越来越接近左翼运动，这转变是从杭州的时候接触冯雪峰开始的，他们是情敌，但是在思想上却有着惊人的一致性，胡也频一方面恨冯雪峰插足他和丁玲的爱情，一方面却赞赏他信奉的马克思主义理论。在杭州，冯雪峰对丁玲和胡也频的思想影响很大，他离去之后，不但让胡也频获得了完美的爱情，思想上也发生了质的变化。

胡也频教书的时候，便把他了解的一知半解的马克思主义理论在学生中间宣传，后被当地特务盯上了，山东省政府对他进行通缉，一九三〇年五月，胡也频和丁玲不得不离开山东逃回上海。

第四章　为了理想、信念和正义

“对一个有思想的人来说，没有一个地方是荒凉偏僻的。在任何逆境中，她都能充实和丰富自己。”丁玲写这句话时，她的丈夫胡也频已经牺牲了，她悲痛，她难过，但她却没有被苦难打倒，反而越挫越勇。

深冬之日的一场噩梦

五月的上海，暖风撩人，从古朴的充满灰色调的济南再次回到上海，满眼都是挡不住的时尚都市气息。

丁玲随着胡也频刚刚安顿下来，朋友们便来看他们。他们带来一个消息，“中国左翼作家联盟”两个月前成立了，许多投身于左翼政治运动的作家都加入到了这个组织中，胡也频与丁玲也毫不犹豫地加入进去。

革命这个词，丁玲不陌生，第一次听到这个词，也是在上海，兜来兜去兜了一大圈，最终又回到上海参加到革命行列中。

在上海，他们赖以生存的手段依然是写稿。丁玲发现，回到上海后，她的胃口一直不太好，经常吐酸水，人也变得很慵懒，在温暖的五月天，她经常犯困，写着稿子，就在不知不觉中趴在稿纸上睡着了。

身体的这些变化，她自己并没有在意，她本来就不是一个细心的女子，直到房东太太提醒她，是不是怀孕了，她才惊觉，好像有两个月没有见过红了。

这个小生命几乎是和左联的成立同时扎根发芽的，丁玲其实还没有做好迎接小生命的准备，胡也频对自己已经成为准爸爸这件事也是恍若梦中。他顾不上为儿女情长欣喜若狂，这次回到上海，他不像过去那样彷徨而不知道社会和个人的前途在哪里，他有了自己的人生方向，开始勤勤恳恳地去了解那些他从未接触过的革命思想和理论。他的写作变得厚重了，不再是单薄的诅咒人生、讴歌爱情，他以前不知道为什么写作，写什么，他的写作是随性的、不自觉的，现在他明白了，所以就想多写一些作品。丁玲在他的影响下，创作风格和思想也不同以往，从她那部以瞿秋白和王剑虹为原型的小说《韦护》就可以看出来，它已经与《莎菲女士的日记》完全不同了。

胡也频的社会活动越来越多，他当选为左联执行委员，并担任工农兵通信运动委员会主席，外面有忙不完的事情，丁玲感觉胡也频像是突然变了一个人，他的阴柔正一步步褪去，在忙碌中显得格外充实。

丁玲也想和他一起去做些工作，但是，怀孕的身子越来越沉，大腹便便、行动笨拙，只能独自待在家中，而家里几乎所有的家务活都落到了丁玲一个人身上。拖着笨重的身体做家务，她的速度很慢。那个夏天很漫长，每一个日子都被她拉长，但拉长的夏日还有那么多的空闲时段，她不能荒废这剩余的时光，便开始创作小说《一九三〇年春上海》。晚上胡也频回来，她就把写了一天的草稿拿给他看。写这种革命加恋爱题材的小说，胡也频比她在行，过去她的作品总是脱不去浓浓淡淡的灰色小资情调，她想摆脱过去的调调。

胡也频并没有因为繁忙的社会活动耽误创作，晚上，在同一张书桌上，就着同一盏台灯的光亮，胡也频在那一边写他纪念五卅运动的小说《光明在我们的前面》，丁玲在这一边写她的小说《一九三〇年春上海》，这是他们一生中最美好的一段时光。

转眼已是深秋。

进入十一月份，气温骤降，丁玲凸起的肚子把衣服顶得紧绷绷的，她想，这个孩子也该出生了吧，按照日子计算，怕是都要超了。到医院做检查，医生让她住院，分娩也就是一两天的事，住在医院更安全稳妥一些。

这个时候不是心疼钱的当口，胡也频为丁玲办了住院手续，让她住下来，入夜，自己回家继续他的创作。那一夜，他把小说《光明在我们的前面》剩下的部分用一个通宵全部完成了。

清晨，收拾好稿纸，胡也频长吁一口气，向窗外望去，不知道什么时候下雨了，雨很大，风正紧，想起在医院待产的妻子，他抄起把油纸伞慌慌张张往医院跑，不知这狂风暴雨的夜晚，丁玲是不是已经生了。

还好，丁玲依然安安稳稳躺在病床上，她抬眼，看他气喘吁吁，凌乱的头发沾上了雨水，一副匆忙的样子，反倒安慰他："天气不好，路上别跑得太急，我这不好好的吗?"

胡也频坐定之后，掩饰不住内心的兴奋："《光明在我们的前面》已经完成了。"

看着他布满血丝的眼睛，丁玲娇嗔地说："又开夜车，你完成了小说比得了儿子还高兴呢。”

“得了儿子我更高兴。”胡也频轻轻抚摸着丁玲高高隆起的肚子，他不知道见到儿子第一面的时候，自己会高兴成什么样。

中午，丁玲生下了他们的儿子胡小频。

胡也频在听到婴儿啼哭的一刹那，眼泪刷地顺着面颊流下来，这是第一次做父亲时的激动，过去，他一直以为见到自己的孩子会咧着嘴傻笑，原来高兴到极致是笑不出来的。

那个深秋，是胡也频收获的季节，在刚刚召开的左联全体会上，他被选为苏维埃第一次代表大会的代表，很快就奔赴江西苏区出席会议；还有一件高兴事，他写入党申请书了。丁玲住在医院的那几天，胡也频几乎每天都有新消息带过来，让丁玲应接不暇。看着胡也频兴奋的样子，丁玲为他高兴，他终于找到了一条人生的路，这条路上有光明，有温暖，这条路让他变成了自信的男子汉。

胡也频和丁玲刚从山东回到上海的时候，沈从文还曾经想再圆恢复《红黑》的梦，但那个梦最终没能圆。沈从文和他们分手后，先是在中国公学教了一阵子书，待胡适辞去中国公学校长之后，他转到武汉大学文学院任教，放了寒假便又回到上海。这次回来，沈从文还是放不下自己的两个老朋友，他在坊间听到了一些关于他们的传言，说他们与共产党的左联走得很近，沈从文不愿看着朋友出事，他抽出时间去探望他们。

丁玲一家在上海不断搬家，沈从文按照胡也频给他的信上的地址，费了好大劲，走过一段窄窄的马路，才找到他们在昆山路上的昆山花园七号的房子。这是一幢红砖小洋房，他们的住处在四楼，房门虚掩着，推门进去，主人不在，房间内有一个摇篮，一个约两个月大的婴儿安静地躺在摇篮内，婴儿正在睡梦中，圆圆的脸上露出甜甜的笑靥。

这是他们的孩子？

沈从文发现摇篮旁边的桌子上留了个纸条，给他的，是胡也频的笔迹，告诉他来了先坐会儿，陪着摇篮里的孩子玩会儿，他和丁玲都出去了，稍后某个时间就能回来。

他耐心坐了一会儿，直到过了纸条上回来的时间，依然不见主人回来，便不再等了，摇篮里的孩子醒了，对这个哄他玩了一会儿的叔叔甜笑着，沈从文对这个孩子还有些不舍。

之后，抽空再去，终于见到了他们。

其乐融融的一个小家，饭桌上摆着一点辣子，一点菠菜，一点加了辣椒的罐头牛肉。丁玲像所有的小妈妈那样正在床上奶孩子睡觉，孩子听见有人来便不睡了，用一双纯净的大眼睛看着来人，脸上充满童稚的笑。沈从文想，这样的三口之间应当永远定格在温馨幸福之中。

没等沈从文劝胡也频，胡也频反过来劝他加入左联，和他们一道从事进步的文学实践活动。沈从文过去曾与左联的领导人鲁迅、茅盾有过误解和隔阂，再说，他当初走出湘西，就是想寻求人生的“自由”与“独立”，与某个组织有了瓜葛，就不自由了。

人各有志，朋友归朋友，信仰归信仰，两个人都是有包容精神的文化人，尽管没能并肩奋斗，彼此依然是最好的朋友。

一九三一年一月十七日，一个寒冷的周六，已是三九第九天了，这一天格外阴冷。前天房东的儿子去世了，白发人送黑发人，房东一家那半边的氛围格外悲戚肃穆。起床后吃过早饭，胡也频亲了亲摇篮中的儿子，对丁玲说：“房东儿子死了，我们是不是要随个份子表示一下哀悼？”

“可是我们哪有钱啊？”丁玲看着桌上那只有一点干辣椒做咸菜的早餐，低声说。

“若不，就送个挽联吧。”

“也好。”

“今天要去开左联执委会，听说是江苏省委负责人何孟雄主持会议。”

“早去早回，家里又没钱了，看看是不是能跟朋友借几块钱。”

胡也频答应一声便出门了，他先在别处办了点事，记起写挽联借钱之类的事，立即想到了沈从文。

沈从文的住处虽然点了一个小小的煤火炉子，依然难抵刺骨的寒冷。中午的时候，胡也频来了，他穿了件薄薄的夹衫，冻得缩着手，人愈发显得瘦弱，脑袋大大的，下巴尖尖的。他先在炉火上烤了一阵，很快，圆圆的眼镜片上便蒙上了一层雾气。

沈从文倒了一杯热茶递给他，他接了，先用茶杯把手捂热。等寒冷被驱逐殆尽，他直截了当地说：“替我写副挽联。”

沈从文一愣：“给谁写挽联？”

“我房东的儿子死了，我想送他一副挽联，你替我拟一下措辞，下午去我家写。”胡也频取下眼镜，擦着镜片说。

“也好，中午我正好有应酬，就不留你吃饭了。”沈从文的一个同事早就约了他中午一起吃饭，又聊了一阵子天，但说到政治上，两个人就说不到一起了。沈从文看时间不早了，便取出棉袍准备和胡也频一同出去，看胡也频身上那件薄薄的夹衫确实太单薄了，他犹豫了一下，又把自己刚做好的一件海虎绒棉袍拿出来递给他：“把这个穿上吧，实在太冷了。”

胡也频感激地接过去，并没有推辞就把棉袍穿在身上，然后怯怯地说：“你还得借给我几块钱。”

沈从文掏出六块大洋交给胡也频，告诉他：“你还是搬家吧，搬到这边我们住得近一些，可以互相照应。”

“现在哪有钱搬家啊。”胡也频无奈地说。

两个人一同走出门，从四川路往南走，一直到惠罗公司门前，胡也频才停下来，和沈从文握了一下手，微笑着说：“我去先施百货公司买块写挽联的白布，你去赴你的饭局吧。”

两个人便分手了。

沈从文按照约定，下午去胡也频家中写挽联，只有丁玲带着孩子在家，孩子睡了，她正趴在桌上写什么，自从生下儿子，她写作的时间越来越少了，也曾经找过两个保姆，都不了了之，他们那微薄的稿费实在支付不起保姆的费用。沈从文来了，她停下手中的工作，问沈从文：“也频上午去找你了吧。”

“去过，他午后让我过来写挽联。这个时辰了还不回来，莫非路上被狗咬了。”沈从文开玩笑说。

“你就会说玩笑话，他穷兮兮的，狗都懒得理他。”丁玲趁着说话的当儿，抓紧叠着孩子的尿布，并没有把胡也频这个时候不回家当回事。

沈从文叹息一声，说丁玲不了解现在的局势，还是小心一点为妙，上午胡也频和他聊天的时候说过，他似乎随时随地都有被抓走的危险。

和丁玲闲聊了一会儿，沈从文不想占用她难得的一点写作时间，看胡也频还是不回，便说：“我晚上再来找他。”

入夜，吃罢晚饭，沈从文再次来到这里，丁玲正抱着孩子在窗口向外张望，听到脚步声以为是胡也频回家了，惊喜地奔到门前，进来的是沈从文。

沈从文环顾四周，问丁玲：“还没回?”

“一直没回来，天都这么晚了，他从来没有这样过。”丁玲极力克制自己的焦虑情绪，但从她的神色和不断抖动孩子的动作中，还是能看出她心中的不安。

“也许开完会还有别的事情。”沈从文安慰丁玲，并陪着她一起等。丁玲让沈从文帮她看一会儿孩子，她在冷冷的寒风中匆匆去找胡也频的那些朋友们打听。到姚蓬子家，没有消息；到另外几个朋友家，也没有人知道。大家对这个在深夜裹着一身风霜而来的女人都觉得心疼、同情，但是他们爱莫能助。

她拖着沉重的脚步往回走，盼着自己一回家，就能看到胡也频坐在儿子的摇篮边。屋里的灯光亮着，推门进屋，沈从文坐在摇篮边，守着睡在摇篮中的孩子，两个人相对苦笑着，都是一脸失望。沈从文陪着丁玲一直等到夜深了，他不方便继续逗留，便回自己的住处了。

那一夜，对丁玲来说是一种煎熬，胡也频没回来，一夜都没回来，时钟嘀嘀嗒嗒每响一下都敲击着她的心，窗外是漆黑的冬夜，狂风大作，落叶敲击着窗上的玻璃，孩子在熟睡中突然惊醒，哇哇大哭起来。丁玲抱起儿子，泪水顺着面颊往下流：胡也频，你去哪里了？让人这般牵挂。

好不容易哄着孩子进入梦乡，她顺手拿起胡也频的一件衣衫，默默缝补着，一针针、一线线，缝得非常细心，好不容易熬到了天亮，沈从文又匆匆赶来了，听说胡也频一夜未归，他心中有了一丝不祥的预感："别是发生了什么事吧？"

丁玲经过一夜的煎熬，脑子中已经把一切有可能发生的不测都想到了，她强作镇定，对沈从文说："一切灾难，假若认定自己应分担的那一份，迟早要接受，该来的，就让它来吧。"

最难忘的那个人走了

又是一个寒冷的日子，从早上开始，刮了一天寒风，丁玲从前一天晚上就没有吃东西了，不吃、不喝，也不睡。她回想前段时间发生在瞿秋白身上的一件事。那时，瞿秋白从俄国回到上海，在电车上被一个巡捕认出，巡捕问他："瞿先生，什么时候回国来了呀？"瞿秋白一下子没有反应过来，回答道："回来不久的。"差点被抓走，幸亏是在租界，若是在别处，早就进牢房了。胡也频开会的地方就是租界的酒店内，应当不会被抓走吧，她这样安慰自己，但是，从胡也频失踪后，一点音讯都没有，她始终坐立不安。

胡也频失踪的消息惊动了一些朋友，他们悄悄来过，看望过丁玲母子，又悄悄而去，对这件事大家都感觉凶多吉少。从左联的朋友嘴中得知，昨天失踪的好像不止胡也频一个，还有别的什么人。

外面，不断传来房东家小儿子出殡的恸哭声，让人心里总有一丝不祥的预兆，丁玲关紧门窗，搂着儿子呆呆坐在床沿上，她不知道自己下一步该做些什么。

沈从文安慰丁玲："你先给自己弄点吃的，先别随便出去。我出去找找看，说不定是被车碰伤了，或者遇上了别的什么事呢。"说完就走出去，到了街上，他把上海当日的各种报纸都买了一份，从报头寻到报尾，没有发现一起汽车撞伤行人一类的消息，而通过熟人到公安局打听，也没有打听到巡捕这两天抓人的消息。他从法租界到闸北，再从闸北跑到静安寺，又从静安寺再回到万宜坊，几乎把能去的地方都走遍了。

沈从文在上海认识的朋友中打探了一天消息，基本上没打探到什么有用的讯息。冬日的天黑得早，刚刚六七点钟，天已经黑透了，拖着沉重的脚步回到自己的住处，刚进门，就有人咚咚砸门，他开门看时，是一个衣衫褴褛的老头，很面生，不认识。

沈从文以为他走错了，便问："你找谁?"

老头说："这里是沈先生的家吗?"

沈从文点头应是。

老头挤进门来，回手把门关紧，语速很快："我是监狱的牢头，受一个姓胡的先生之托，给您送个信!"说着把一张揉搓得皱巴巴脏兮兮的烂纸头交给沈从文，然后匆匆开门退出去，隐进沉沉的夜色中。

一听说是胡先生的字条，沈从文顾不得说声谢谢，便慌忙去看，是的，是胡也频的手迹，上面用铅笔潦草地写着：

> 我遇到了冤枉事情，昨天过你住处谈天，从住处出来到先施公司，遇女友拉去东方旅馆看个朋友，谁知到那里就被他们误会逮捕了。请你费神向胡先生、蔡先生（胡适、蔡元培）一求，要他们设法保我出来。请吴经熊律师乘我还不转移龙华时，进行诉讼。你明白我，切务必赶快，否则日子一久，就

讨厌了。奶奶（丁玲）处请你关照一声，告她不必担心。我的事情万不宜迟，迟了会生变化，我很着急。

沈从文顾不得多想，攥着纸头就奔了丁玲的家。

丁玲看到纸条上胡也频熟悉的字迹，泪水哗地流下来，她和沈从文从字条的内容和从朋友处打探来的各种只言片语，基本理出胡也频失踪的一些头绪：昨天中午十二点半，沈从文和胡也频从四川路往南走，走到惠罗公司门前，胡也频与沈从文分了手，他应当是先去先施公司买了块写挽联的白布，然后便去东方旅社三十一号房间参加中共江苏省委书记何孟雄主持的第一次全国工农兵代表大会预备会议，会议开始后，参加会议的人员被破门而入的巡警逮捕。

果然是让巡警抓进大牢了，这是一切猜测中最糟糕的结局。

丁玲喃喃自语道：“要救他，必须设法救他，否则，他会被杀掉。我实在不能没有他，我的孩子也不能没有爸爸。”

沈从文也知道如果不设法营救他，后果不堪设想，但是，怎样去救呢？

经过进一步确认，一切的确很复杂，胡也频被抓去的当日，一同参会的人员全部被巡警抓捕。东方旅社位于公共租界，这样的地方，不受中国行政系统管辖和法律制度的约束，应当还有营救的可能性。丁玲把孩子安顿了一下，立即去找上海一些有名的律师。

律师一听是与政治沾边的案子，马上缄默了，他们说，这种案子他们不接，因为接了也办不成。

大律师不敢接，小律师更加不敢介入这种敏感的案子了，丁玲那两日疯狂奔走于租界巡捕房、警察局和律师所之间，她以为凭着自己的努力可以扭转局面，结果只是惘然。

生完孩子只有两个多月，本来就没有调养好，她的身体还极度虚弱，寒冷中，她有好几次因为晕眩差点倒下，每次回到家中，都累得半昏在床上。煤火炉子没人照看，早就冰冷了，屋子里寒气逼人。一停下来，她就胡思乱想，就揪心地想起胡也频。

这几天，她在奔走中，打探到中共秘密机关又有三十多名共产党员被抓捕，左联的活动进入了更加秘密状态，她不敢再去找左联的人了，怕给他们惹来大麻烦。

丁玲毫无头绪的营救行动彻底走进死胡同，据说，胡也频等人都属于政治要犯，国民党当局已经把他们从租界地引渡到位于龙华的国民党淞沪警备司令部。丁玲不知道国民党淞沪警备司令部是个什么地方，但是离开租界，营救的难度就更大了。

她知道，凭借自己一个弱女子的单薄力量，要救出丈夫已经无望了。当下的局势，不能再去找左联和党组织，因为她发现自家的门口已经有可疑的人在活动，自己已经被监视了，要营救，也要找外围人员。于是，她想到了中共元老李达夫妇，当年她在平民女校上学时，他们曾经都是她的老师。

在沈从文陪伴下，她去找李达。

他们分析了利弊之后，觉得如果能请胡适、徐志摩写信给蔡元培，设法让当局放人是最佳策略。

朋友们都在尽心尽力地帮忙营救，但胡也频的保释却没有一点新进展。

天气越来越冷，住在监狱里的胡也频也不知道怎么样了，丁玲想去监狱里面看看他，沈从文说："我陪你去。"

龙华警备司令部监狱在上海市徐汇地区的龙华镇，原为北洋军阀淞沪商埠督办公署，水泥钢筋的中西合璧大门像一座森严的城堡，外面是一周高墙，透过大门，能看到里面还有内墙，有高高的白色房子。他们在门口就被狱警拦下了，看门的狱警说："衣服、被子我们可以帮着送进去，但是人不能见。"

丁玲急着想见人，就说："我们大老远来一趟，让我们远远见一面也可以。"

沈从文要镇定得多，他看有人说送钱便可以进去，立即改口说：“我们要送点钱给关在这里的家人。”

送钱和送衣服不一样，送钱必须有收条。看守让他们进去了，但是在第二道门又被拦下了，听说是送钱的，一个看守接了钱让他们在门口等着，另外一个看守去里面，没多大工夫几个看守带着一个犯人过来了。那个犯人熟悉的身影让丁玲泪眼模糊，那就是她朝思暮想的胡也频。

“频，我在这里。”她大声喊着。

胡也频听到了爱人的声音，他努力向这边走着，被制止住，看守走过去，把钱交给他，然后推着他往后走。

胡也频努力挣扎着，喊着丁玲和沈从文的名字，泪眼相望，却只能远远望着。

虽然只是远远地看了一眼，至少知道他关在哪里，是不是还活着，而活着就有希望。之后，丁玲隔三差五便给胡也频写信，然后花钱让狱警送进去，每次送信至少要悄悄塞给狱警八块大洋，这昂贵的费用挡不住她与狱中爱人的联系，她有许多话要对他说：

即便是伟大的诗人啊，也体会不到一个在想念着爱人的心情。频！你真不晓得一个人在自己烧好饭又去吃饭的心情，我是屡次都为了这而忍不住大哭起来的。

沈从文作为男人，比丁玲要理性的多，他觉得丁玲这种书信来往于营救胡也频没有任何实质性意义，必须赶紧想别的办法。有朋友说去南京找邵力子可能还有回旋余地。邵力子是国民党中央政治会议委员，与共产党有着极深的渊源，估计会帮这个忙。因为邵力子代理过上海大学的校长，丁玲去找自己在上海大学上学时的老师陈望道和郑振铎，让他们给邵力子写了一封信，然后，丁玲在沈从文陪伴下坐火车到南京去找邵力子。

到了南京，沈从文告诉丁玲："我们现在要把能想的办法都想到，你去找邵力子，我通过关系去中统找陈立夫，也许会多一层希望。"

丁玲独自去找邵力子，一听说是上海大学的学生来找他，邵力子还是很帮忙的，他立即给上海市长张群写了封信，让她拿着信速回上海找张群想办法，夜长梦多，此事不可耽搁。

沈从文那边也通过关系找到了中统的陈立夫，一听说是这样的重大政治案件，陈立夫沉吟了很久说："如果这个人不是共产党，愿意住在南京，我可以想想办法。"

沈从文知道胡也频的性格，他不会脱离共产党的，也就是说，从陈立夫这里是没有别的回旋余地。

不过，丁玲手里还攥着一封邵力子写给上海市长张群的信，也许还有一丝希望，事不宜迟，必须马上回上海，他们坐上从南京回上海的火车，那是一九三一年二月七日的黄昏时刻。

他们不知道，此刻，淞沪警备司令部后院那片用作枪杀犯人的空地上已经集结了许多荷枪实弹的军警，一场残酷的杀戮行动即将开始。

胡也频等二十四人被从牢房带出来，天已经黑透了，后院的刑场上灯光通明，被押送到这边的瞬间，大家都明白了将要发生的是什么。此时的胡也频，想到了年轻的妻子，想到了年幼的儿子，还没容他多想，枪声响了，他倒在血泊中。

胡也频被枪杀了，他以青春的生命祭奠了自己的革命理想，那时，他还不满 28 岁。

一起被枪杀的还有柔石、冯铿、殷夫、李求实，他们被后人称为“左联五烈士”。同时就义的有二十四位共产党人，就是历史上著名的“龙华二十四烈士”。

枪声响起的那一刻，丁玲和沈从文正坐在南京至上海的列车上，她还寄希望于那封给上海市长的信，以为她的频在不远的将来还能走出监狱。

女革命者不流泪

深夜，丁玲回到上海，她想，抽空要抓紧去一趟淞沪警备司令部，马上就到春节了，如果春节前能救出胡也频，一家人还可以过一个团圆年。

她这份天真的幻想随即便在两天后的夜晚变成了永远的泡影。

丁玲和沈从文发现，邵力子那封写给上海市长张群的信，根本就起不到什么作用，以他们的地位，送达这封信是很难的。沈从文想到了好朋友邵洵美，他出生在上海官宦世家，又是文化人。邵洵美马上去运作此事，一打听才知道，胡也频已在几天前被秘密枪决了，邵洵美看到胡也频被处决的照片，确信这个消息是真的，午后，他偷偷带着沈从文也来看照片，照片上那血腥的场面让沈从文一阵晕眩。

那个夜晚，丁玲还没吃晚饭，沈从文神色肃然地走进来了，吞吞吐吐说出那个不幸的消息：胡也频遇难了。

丁玲听到这个消息的一刹那，如五雷轰顶一般，整个人都变得混混沌沌。她呆呆坐着，神情木然。

沈从文没敢把自己看到照片的事告诉丁玲，那血腥的场面现在还浮现在眼前，无比悲惨，他只把从监狱里捎出来的胡也频就义前写的一封信交给丁玲，哽咽着说：“你如果想哭就哭出来，这样会憋出毛病。”

丁玲摆摆手：“你回去休息吧，我想睡了。”

沈从文不放心地退到门边，看她此时确实愿意一个人待着，便悄悄关上门走了。他走后，丁玲终于忍不住，放声恸哭起来，她的哭泣惊醒了熟睡中的儿子，一个女子、一个婴儿的哭声穿透寒冷的冬夜，悲悲戚戚。

她泪眼模糊，看胡也频写给她的那封最后的信：

年轻的妈妈：

不要担心我，这里的生活并不像你想得那么枯燥和痛苦，有许多同志在一道。他们都有着很丰富的生活经验，我天天听他们讲故事，积累了不少素材。我很想拿起笔写些东西，我相信自己还可以写出更好的作品来。请你多寄些稿纸给我，我要写，我还可记录许多素材寄出去给你。你不要再为我设法了，看这样子，他们不会轻易放我出去。我既不会投降，那么总会有两三年的徒刑。坐两三年的牢，我是不怕的，我还年轻，我也不会让我的青春在牢中白白过去。不过这样就苦了你了。祖麟太小，他现在怎么样了？我很想他，替我亲亲他。你最好把孩子送回湖南，让妈妈照料，这样你的生活可少一些拖累，也可腾出时间用来写作。孩子送走了，自然会寂寞些，但能创作，会感到充实的。你也不要脱离左联，应该靠紧他们，和大家在一起，你就不会感到孤单。你要有勇气，困难是暂时的，会过去的。

吻你。

年轻的爸爸

落款日期居然是他遇难的当天，他没想到几个小时后自己的生命将会终止，他还怀揣着美好的憧憬。泪水把信纸打湿了，丁玲流着眼泪轻轻吻了一下怀中的孩子，这一吻是替他逝去的父亲吻的，可怜的孩子，从此你没有爸爸了，妈妈一定好好疼你爱你。

胡也频遇难后，丁玲想的是，为了丈夫未完成的事业，为了孩子，挺起腰杆，要坚强地生活下去，她要替他复仇；她要接过他的笔，继续写下去，替活着的人们铺下通往光明的路。

胡也频遇难后，经常会有共产党内的同志悄悄过来看望他们母子，那天，冯雪峰的突然到来让丁玲没想到。

他来了，来安慰丁玲，他没有像别的同志那样说许多安慰的话，进门后只是拍拍丁玲的肩膀，说了句：“胡也频的事我知道了，照顾好自己、照顾好孩子。”丁玲一见到他，就忍不住伏在他的肩上放声悲哭，他一动不动，让她尽情哭出来。他知道，此时，她需要一个肩膀支撑着大哭一场。然后，他一言不发，默默地陪她坐着，从一大早，坐到太阳偏西，他懂她的心、她的泪，但他只能暂时借她一个肩膀，只能这样。要让她重新振作起来，最终还要靠她自己。

丁玲慢慢从悲痛中振作起来，她想接替胡也频继续战斗，不过，一切并不如她设想的那么简单，首先，她们母子住在那个地方已经存在很大危险，经常有特务以搜查为名到这里来纠缠，如果再在这个地方住下去，说不定哪天她也会秘密消失。春节一过，她就搬到了李达、王会悟夫妇家中。

在那里住了几天，丁玲发现，自己和孩子表面上看是安全了，可是，却给李达一家带来了安全隐患，特务们又转移到李达家门口来监视，再住下去，说不定就会牵连到这无辜的一家人。

刚过春节，大街上到处还是浓浓的年味儿，丁玲穿过弥漫着鞭炮硝烟味的街道，去找沈从文想办法，沈从文劝她：“还是从李达家搬出来吧，住在那里不但保护不了自己，还会牵连到朋友。”

丁玲说：“这就搬出来，可是，我们又能去哪儿呢？”

沈从文说：“他去想办法。”两天后，他便在淮海路的万宜坊附近租下一个住处，那是一家杂货铺的楼上，这个地方比较偏僻，他让丁玲搬到那里，自己和这两年一直随他读书的九妹也搬到了那里，他自己住其中的一间，让丁玲母子和九妹住另一间。

九妹是个美丽的女孩，相貌俊美、身材娇小，喜欢穿素色旗袍，和丁玲交谈时，便用纯正的湘西方言。她非常喜欢丁玲的儿子，没事的时候便守在摇篮边帮她看孩子。丁玲很少出门，很少抛头露面，怕被特务盯上，偶尔出去一趟，也是在附近转转马上回来。离他们居住的地方不远处有一家不大的照相馆，那天她们带着孩子出去，就顺便一起在照相馆照了一张相，照片上，丁玲抱着孩子端端地坐着，九妹婀娜地站在丁玲身后，很温馨的一张照片。

其实，丁玲母子在上海的任何一个地方都是不安全的，孩子留在自己身边，还不如寄养到别处。胡也频的老家已经不行了，胡也频的母亲听到儿子遇难的消息，极度悲伤，当天就在自己的卧室自缢身亡了。丁玲的母亲隐隐也听说姑爷好像出事了，前不久曾经写信来打探消息，丁玲让沈从文模仿胡也频的笔迹和口吻写了封回信报平安，随信还寄去了前不久丁玲一家三口照的一张照片。沈从文模仿胡也频的笔迹，是一件很容易的事，他和丁玲、胡也频的笔迹非常像，别人分辨不出三个人的笔迹究竟有什么区别。胡也频就义的事，丁玲的母亲余曼贞还不知道，丁玲决定把孩子送回湖南常德老家，让妈妈帮她抚养。

一个弱女子，带着一个三个多月的孩子出远门，太不容易了，一路上可能还会遇上各种盘查，只恐她一个人应对不了。党内的那些同志，因为特殊的政治原因，送他们母子太危险，沈从文自告奋勇，决定亲自陪丁玲带着孩子回老家，并从邵洵美那里筹集了一千元钱交给丁玲，一方面解决回湖南的路费，另一方，老母亲抚养孩子，没钱也不行啊。为了行动方便，一路上，他们对外假扮夫妻，平平安安抵达了常德。

余曼贞见到外孙，疼爱有加，她问丁玲："胡也频怎么没来，让别人把你们送回来了？"

丁玲眼中有了泪光，沈从文怕她说破，赶紧抢着说："胡也频去苏联了，冰之一个人无法带孩子，所以把孩子送回来让外婆抚养。"

余曼贞拍着孩子，轻声说："可怜的宝贝，这么小就要离开爸爸妈妈，只要你们舍得就好。"

丁玲哽咽着说："舍得。"

"舍得还哭，放心，姆妈会带好他。"余曼贞只顾抱着孩子高兴，没有太留意丁玲的情绪变化。等她知道姑爷遇难的消息，已经是一年之后，为了让外孙健康成长，别让特务盯上，她给孩子更名为蒋祖林。这个叫蒋祖林的孩子在外婆的精心呵护下健康成长，长大后留学苏联学习潜水艇制造，后来由于受母亲牵连没能从事他热爱的军事工业，一生从事民用船舶制造。

沈从文这次送丁玲母子回湖南，路上耽搁了太长的时间，因而耽误了回武汉，那时，武汉大学开学的时间已经错过，他无奈之下，放弃了去那里做大学讲师，留在上海重新寻找工作，但是，他并没有怨言，沈从文这个老乡兼朋友，对丁玲还是很仗义的。

孩子送回了老家，丁玲回到上海，她更加寂寞，以前是想念死去的胡也频，现在既想念逝去的丈夫，又想念远方的儿子。天气越来越热了，窗外已是草长莺飞的春天，丁玲的心中还是一片没有融化的冰天雪地。

春天的一个温暖夜晚，有人敲响了她的房门，她警惕地透过门缝向外张望，前面是冯雪峰，后面是一个穿着西服的青年，看上去与冯雪峰年岁不相上下。一看到冯雪峰，丁玲的心中出现一阵莫名的惊喜，她打开房门，冯雪峰把身后那人让进来，对丁玲说：“给你介绍一下，这位是中央文化工作委员会第一书记潘汉年。”

潘汉年紧紧握住丁玲的手，说自己是代表组织上来看望她，有什么困难可以提出来。

丁玲说："我要离开旧世界，走进一个崭新的天地，我要接过胡也频的笔，写革命作品。能不能安排我到江西苏区去，去那里感受火热的生活？"

冯雪峰也说："让她换换环境也好，希望组织上考虑一下她的要求。"

潘汉年说，他回去向组织上汇报一下，尽快研究，给丁玲回话。

组织上经过慎重考虑，觉得她还是留在上海，下一步的工作便是创办并主编"左联"机关刊物《北斗》，当时左联的那些文化人已经被国民党盯上，无法公开出来编刊物，丁玲做这项工作更方便。她同意了，那年五月，她成为《北斗》的主编，老朋友瞿秋白开始为她的刊物撰稿，鲁迅、冰心、陈衡哲、凌叔华、沈从文、艾青等也成为她的骨干作者。

丁玲以全新的精神状态投入到工作中去，她想用忙碌的工作化解失去爱人的痛苦。闲下来的时候，她便拼命搞创作，着手创作《水》《母亲》等作品，以中国十六省的大水灾为背景的中篇小说《水》在《北斗》发表后，赢得一片赞誉，茅盾为这篇小说写了文学评论，冯雪峰看到丁玲从悲伤中走出来，心中无比安慰，他其实无时无刻不牵挂着这个曾经与之有过深深感情纠葛的女子，他为《水》写了长长的文学评论，这个男人能读懂丁玲的人，也能读懂丁玲的作品。

丁玲像变了一个人，她不再是宅在家中搞搞创作的小资女作家，她是刊物女主编，经常抛头露面到大学讲演，参加左联的集会游行活动，有时候左联的同志上街贴标语，丁玲也一起去，谁会想到走在街上的那个内着旗袍、外穿华贵的貂皮大衣，脚上穿一双高跟鞋的时尚少妇，居然是贴宣传标语的。

丁玲出来做这些工作，本来是想充实和体验生活，完成胡也频没做完的一些事情。那时，她只是想做党的同路人，并没有想加入共产党，而当初有人想介绍她入党，她还曾经犹豫不决，她和沈从文一样，喜欢自由，不愿意受约束。

然而，随着对党的进一步了解，她决定申请加入共产党，一九三二年三月，在南京路大三元饭店的一个房间内，她在党旗下庄严宣誓：

> 再也不做党的同路人了。我愿做一颗螺丝钉，把我放在哪里，我就在哪里，叫我干什么，我就干什么。我的生命，我的心，不是属于我自己的，而是属于党的。

第五章　那一段监狱生涯

那是一场突如其来的灾难，她被国民党特务抓住了。那时，她已是知名的女作家，只要她同意退出共产党，或者是愿意出国深造，她就会得到厚待。然而，她却宁愿被囚禁，也要坚守自己的理想。她是一个小女子，却演绎了一个战士的坚毅。

史沫特莱请来的翻译

因为工作关系，丁玲与冯雪峰的接触又开始密切起来。她发现，自己的感情深处依然还有他的位置，有一段时间，她以为自己已经彻底把他忘却了，可是，一见到他，她立即意识到，她对他的爱情并没有消失。

冯雪峰还爱她吗?

她凭着女作家特有的敏感，能感觉到，他也没有把她放下，他也依然爱她。

丁玲再次坠入情网中不能自拔，这一次与上一次不同，无论她怎样热烈，冯雪峰都冷静得如同无法融化的雪山，愈是这般，她的爱愈热烈。这场爱情似乎如同一场独角戏，只有丁玲一个人忘情地投入在自导自演的一场爱情大戏中。

被爱情之火狂烧着，她深情地为冯雪峰写情书：

> 我这两天都心不离开你，都想着你。
>
> ……
>
> 然而我们自己知道，从我的心上，在过去的历史中，我真真的只追过一个男人，只有这个男人燃烧过我的心，使我起过一些狂炽的欲念……这男人是你。
>
> ……
>
> 我已经是比较有理性有克制的人，然而我对你还是有欲望，我还是做梦，梦想到我们的生活怎么能连系在一起。想着我们在一张桌上写文章，在一张椅上读书，在一块做事，我们可以随便谈什么，

比同其他的人更不拘束些，更真实些，我们因为我们的相爱而更有精神起来，更努力起来，我们对人生更不放松了。

……

只愿意永远停留在沉思中，因为这里占据着你的影子，你的声音，你的爱……我呢，不敢再打扰你，用大的力将自己压在这椅子上，想好好的写点文章，可是写不下去，心远远地飞走了，飞到那些有亮光的白云上，和你紧紧地抱在一起，身子也为幸福浮着……

这信，冯雪峰收到了，但是，他已经有了妻儿，有了家庭，他冷静地看完那封信，此时，他只能用这种看似无情的冷静，才能熄灭她爱情的烈焰。冯雪峰知道这样做很残忍，他其实对她也是万分心疼，却想不出更好的办法。

丁玲的爱情之火暂时被冯雪峰的无动于衷和表面的冷漠疏远而浇灭了，她心里很难过，有些灰心丧气了。她需要一个男人的疼爱，无论是心理上，还是生理上，这个只有20多岁的女人都渴望有一个体贴自己的男人走进自己的生活。

胡也频牺牲后，丁玲用勤奋忙碌的工作化解自己的孤独和悲伤，寂寥长夜，她可以偷偷地想念他，却不愿让别人提及他，来撩拨自己的伤痛。

丁玲接手编辑《北斗》没多久，冯雪峰来找丁玲。见到他，丁玲以为他想说几句贴己的话，却不想，原来他是要介绍一个外国女记者来采访报道左联五烈士的情况，丁玲不置可否地答应一句，并没有把这件采访的事放到心上。

一个晴好的五月天，编辑部来了一位不速之客，这是个个头高高的外国女子，她是德国《法兰克福时报》的记者史沫特莱，长得说不上漂亮，也说不上有气质，但却有一种无法言说的气场，把人紧紧吸引住。她一见到丁玲就紧紧握住她的手，说着丁玲根本听不懂的外语。待她比划着说完，她身边一个看上去文质彬彬的青年男子便立即替她翻译成汉语。丁玲听明白了，这个外国女人是冯雪峰介绍来采访自己的，但这一次，她不是作为作家丁玲或者《北斗》主编丁玲被采访，而是作为胡也频的妻子接受采访。

史沫特莱说话的语气很阳刚，不过，被那个男翻译用平稳的甚至有些温柔的语调翻译过来，就完全变成了另外一种味道。史沫特莱不懂中文，丁玲听不懂她说的英语，两个人的交流完全靠着那个名叫冯达的翻译。

接触了几次之后，丁玲才了解清楚，冯达是史沫特莱的私人秘书，26岁，比丁玲还小一岁，他面无表情，不紧不慢，给人一种老成持重的感觉。

冯达属于那种没什么特点的人，他永远不会像胡也频那样浪漫激进，不会像冯雪峰那样阳刚果敢，也不会像沈从文那样纯真热情。他跟随史沫特莱第一次见到丁玲，便被这个穿一身黑色衣裙的美丽女子深深吸引了目光，不过，他在表情上没有现出一丝爱慕的神色，始终端坐在丁玲对面，尽职尽责地翻译着两个不同国籍的才女的每一句对话。

采访告一段落之后，冯达闲来无事，一个人还会常去看望丁玲，丁玲忙的时候，他就在一边默默坐着，等她得了空闲，便陪她聊天，聊天的内容几乎都是一些与文学、情感不沾边的东西，有时候不过就是国际国内的新闻，他用安静的语气波澜不惊地叙述，让人毫不怀疑这些新闻的真实性。

丁玲虽然没有被他吸引，但心底慢慢有几分依赖他了，他是一个很好的陪伴者，丁玲不快乐、不想说话的时候，他能一语不发地陪着她出去散步，她想看朋友、买东西，他也能静静陪在左右。

盛夏之夜，他来了，她正伏案疾笔创作，他便悄悄退出去，明天再来。

秋日，丁玲陷入对冯雪峰的单相思，倾情写着长长的情书，他知道她肚子还饿着，便出去买了菜回来，替她做好饭端到她的书案边，让她吃饱肚子接着写。

给冯雪峰的情书发出去了，并没有什么反响，此时，冯达那不温不火的温情便弥显珍贵，丁玲让他搬到后楼的亭子间居住，这样她需要有人陪她说说话的时候，就可以第一时间赶到。

一九三一年十一月，丁玲和冯达经过半年时间的接触，彼此在感情上都非常依赖对方，于是顺其自然地同居到了一起，他们搬离了原来租住的那个小楼，住进善钟路沈起尹家。

他们同居了，住在一起像两个客客气气的老朋友，连说话的口气都是相敬如宾。冯达从来不大声说话，压低的语调和温柔的话语，让人很受用，丁玲与其说是离不开这个男人，还不如说是离不开这种安静的生活。

那时，史沫特莱已经离开中国，冯达担任秘书兼翻译的使命早就完成了，他被调到中共江苏省委并负责《真话报》工作。两个人都做编辑工作，共同语言似乎更多了一些，他们在一起，并不会让人觉得他们不合适，但也没人觉得他们是天造地设的一对，就是两个落单的男女住到一起了，仅此而已。

丁玲和冯达的同居，并没有引起什么太大反响，年轻人谈情说爱，也是天经地义的事，感情上的事只有当事人知道，合适不合适别人说了不算，只要人家自己觉得好便是了。冯雪峰本来就装作对丁玲很冷漠的样子，因为这件事似乎真的又降了几分温度。沈从文作为湘西老乡兼好朋友，在丁玲和冯达同居了一段时间之后，曾经问起她和冯达之间的生活是不是还过得去，丁玲如实说了自己的生活状态：“不过就是两个人住在一起，平平常常地生活着，白天都去忙自己的事情，见了面彼此客客气气，像一对老朋友一样。”

在中国这块土地上，许多婚姻、许多家庭，都是和和气气、平平淡淡过日子的类型，沈从文大概觉得丁玲在失去胡也频之后，能找到一个这样的男人搭伙过日子也算是不错了，作为老朋友也就放心了，所以就没问太多。

居无定所是那个时候一如丁玲这样的人的生活特点，她一生不知搬过多少次家，搬家对她来说如同家常便饭，一九三三年春节前后，经组织安排，丁玲又搬家了，这一次搬到了北四川路昆山花园路七号四楼，这个地方是公共租界，相对比较安全，不但是她的住处，还是地下党的联络点。那时，丁玲是左联党团书记，因为左联没有办公地点，所以，她家就成了开会或者接头的临时地点，也成了党的一处秘密联络点。

北四川路昆山花园路七号地处上海的繁华区，越是繁华的闹市，车水马龙，人来人往，联络点越不容易被发现。三个多月下来，这里相安无事，一开始紧张的心情渐渐有些放松了，有时候经过昆山花园，丁玲还会放慢脚步，或者驻足欣赏一下花园内美丽的景色。此时已是春夏之交，花园里游玩的时髦男女都已经换了薄薄的夏装，一些不怕冷的女子还早早地穿上了玻璃丝袜，但丁玲身上还是厚厚的素色春装，自从胡也频牺牲后，她无心打扮自己，和冯达一起生活，也提不起她装扮自己的激情和欲念。

两个人生活在一起，每一个日子对他们来讲都很平常，五月十四日，依然是一个平常的日子。早晨，阳光就不太明朗，有风，柔柔地吹着，冯达起得很早，出门前告诉丁玲，今天要去《真话报》两个通讯员的住处。

丁玲慵懒地穿着睡衣问他："你昨夜不是到他们那里去过了吗？"

冯达轻描淡写地说："昨晚去了那里，在外面看见他们屋里有灯光，灯影下感觉里面人不少，我在窗外叫了两声，里面没人答应，怕是有意外情况，犹豫了一下，就没进去。"

丁玲觉得冯达有些过于敏感了，便笑道："如果觉得不安全就别去了。"

冯达说："如果再不和他们联系，这两个人的组织关系就断了。"他出门前，习惯性地站在窗前向外张望，没有发现可疑的人影，不过，昨夜他回家的时候，总觉得有人影尾随其后，直到进家门前都是如此。他今天从醒来心里就有几分不安，稳定一下心情，他觉得自己也有些多虑了，不过，不怕一万，就怕万一，他神情凝重、一脸严肃地对丁玲说："我们约定好，中午十二点之前必须回家，如果有一个到时间没回来，另一个立即离开这里，通知和这里联系密切的同志，千万不要来这个地方。”

丁玲点点头，答应了。冯达今天神色惶惶的，这情绪也传染了她，严酷的政治形势，让他们每一天都处在危险之中，她知道，这种必要的防范意识应当有。

冯达胳膊下夹着几张英文报纸匆匆出了门，这几张英文报纸是他用来做掩护的道具。丁玲换了套应季裙装，把前几天穿的春装放到一边，一会儿她要去正风学院开文学座谈会，作为著名女作家出席会议，她的装扮要符合身份才是。

两个小时的会议，不长不短，丁玲在会上遇上了许多文化界的老朋友，本来散会后还想多聊上几句，但想到早上和冯达的约定，她不敢耽搁，散了会便匆匆往家赶。还好，到家时墙上的挂钟刚刚指向十一点半，冯达还没有回来，她没有多想，觉得他一会儿自然就回家了，便收拾了一下有些凌乱的家，然后就准备做午饭，抬头一看时间，马上就十二点了，冯达还没回来，她心里掠过一丝惊慌，又暗暗安慰自己，也许是路上或者因为别的事耽搁了，不过既然当初约定好了，还是有所防备为好。她简单收拾了几件随身的东西，正要离开这个地方，有人敲门。

笃笃的敲门声让丁玲有些心惊，她让自己稍稍镇定下来，把门开了一道缝，门外站着一个中年人，是潘汉年的胞兄潘梓年，负责主编《北新》《洪荒》等进步刊物和《真话报》，他是来找冯达的，听说冯达还没回家，他决定坐下来等他。

丁玲拦住他："我们还是出去避一避，冯达从昨天就感觉情况不太正常，今天中午约好如果十二点有一个回不来，另一个赶紧离开，现在已经十二点多了。"

潘梓年已经参加革命多年，他觉得自己见多识广，并没有把丁玲的话放在心上，他踏踏实实地在沙发上坐下来，随手拿起一张《社会新闻》一字一句看起来，他的淡然让丁玲对自己的不冷静有些自惭形秽，看来自己的斗争经验还是不够丰富，看人家老潘，多沉着。

她也坐到了床头，不过心里还是不踏实，屁股只浅浅沾着床沿，随时准备逃离的样子，不知为什么，今天她总有一种不祥的预感。

谁出卖了丁玲

丁玲的预感是对的，就在她坐在床沿上心里惶惶不安的时候，在冯达的带领下，国民党特工总部上海区长马绍武和手下的几个特务已经直奔这里而来，他们坐着四二二三号汽车很快就来到了丁玲暂住地昆山花园路七号楼门口，汽车的车牌是假的，在公共租界抓捕共产党，他们必须做得隐蔽一些。

抵达之后，马绍武安排了几个便衣特务把守楼门口，把这座楼控制起来，然后指挥剩下的人迅速上楼。

四楼丁玲的住处，午间温暖的阳光透过窗子照进来，窗子是敞开的，阳光无遮无拦透进来，室内暖洋洋的。潘梓年安逸地坐在沙发上，一边翻看报刊，一边闲散地和丁玲聊上几句。一刻钟之后，门外的楼梯传来嘈杂的脚步声。

门是被撞开的，随着屋门洞开，一阵风呼地吹进来，丁玲一惊，潘梓年扔下手中的报刊，下意识地站起来，却被冲进来的人一把按住。

先是进来了三个人，其中一个是马绍武。

三个人一进门，马绍武就先发制人地厉声喝道："他们是罪犯，将他们抓起来。"

这些人进来便翻箱倒柜地搜查，翻出了一些报刊，也准备一起带走。丁玲立即明白怎么回事。但进来的三个陌生人，全都膀大腰圆，凭着她和潘梓年两个文人，根本不是来人的对手。

对这些人，硬拼是不行的，丁玲故作镇静地指责来人："你们是做什么的，凭什么随便到我家乱翻。"

马绍武并不解释，押着丁玲和潘梓年向外走。

丁玲一阵心急，指着潘梓年说：“他是来我家串门的，我家的事与他没有关系，把我带走可以，这个串门的朋友不可以一起带走。”

马绍武面无表情地横了潘梓年一眼，出了屋。在门外，还有几个人，这几个人中，有一个是刚刚叛变的叛徒，还有给他们带路的冯达。马绍武在门外问冯达：“这个女的是谁?”冯达战战兢兢地说：“她是我的妻子。”然后又问：“那个男的呢?”冯达停顿了一下，没有说话。马绍武瞥向那个叛徒，那个人在马绍武的目光逼视下，缩着身子低声说：“是担任上海市文委书记的共产党员潘梓年。”

马绍武脸上掠过一丝不易让人觉察的冷笑，他觉得自己这一趟没有白来，抓到了两个共产党内比较重要的人物，他把冯达推进屋门。

冯达夹裹在这些人中间进了屋，有些沮丧、有些无奈、有些胆怯地看了丁玲一眼，垂头丧气地坐在床上，他的头垂得很低，仿佛从来就不认识丁玲，更不认识潘梓年。丁玲默默站起来，走到立柜旁边，那里离冯达近些，她用质疑的目光死死盯着冯达，没等她说话，进来的人就把她和潘梓年控制住了。

马绍武厉声叫道：“马上带走，一个不留。”

潘梓年满怀歉意地看了丁玲一眼，如果他听丁玲的话，十二点的时候离开这里，就不会出现这个局面。丁玲的目光中，也带着一丝歉意，如果潘梓年这个时间不来他们家，就不会遇上这个危险，她心中有些怀疑一直低头垂眉的冯达，是他出卖了这个联系点吗？

到了楼门口，马绍武指挥几个特务和自己一起将丁玲、潘梓年、冯达押走，同时关照一直在楼门口放风的夏采曦和两个特务继续留在这个地方，到四楼秘密隐蔽起来，留待抓捕送上门的另外一些共产党。

丁玲几人被秘密抓捕的消息，共产党方面并不知道，这个地方作为共产党的联络点，随时都可能有人到这里来，丁玲心里万分焦急，但是毫无办法，只能暗暗祈祷千万不要再有同志进入敌人布下的罗网之中。

从午间一直到下午四点，这中间丁玲的住处都是静悄悄的，没人到这里来。下午四点多钟，楼梯终于传来脚步声，特务们屏住呼吸，守在门口。

有人在敲门，夏采曦开了门，一个特务伸手把来人的胳膊按住，拉到屋里便开始搜身。

这是个三十多岁的男子，个子高高的，穿着一袭灰色长衫，戴着圆圆的近视镜，说着一口纯正的宁波话，看上去文质彬彬的。一般情况下，到这套程序，被控制住的那个人便跑不掉了，特别是现在站在他们跟前的不过就是个文人，特务们放松了警惕，没想到就是这个文人模样的人，突然奋力反抗，挥拳把离自己最近的一个特务打懵了，另一个正在搜身的特务顺势要按住他，他们扭成一团厮打起来。

进来的这个人是中共江苏省委宣传部长应修人，一个浪漫的湖畔诗人，和冯雪峰、潘漠华、汪静之一起创办了“湖畔诗社”，他已经参加了中国左翼作家联盟，下午来这里，是准备和已经担任左联党团书记的丁玲研究工作，不想一进门就让特务抓住了。他想从门口逃出去，但一个人对付三个特务，根本逃不掉，急中生智，他挣扎到窗前，那敞开的窗子正好给他提供了逃出的机会，他飞身一跃便从窗户跳下楼。

室内的三个人被这一幕惊得目瞪口呆，他们追到窗前，从楼上看下去，下面是一线窄窄的弄堂，地面由坚硬的砖铺就，跳下去的应修人正一动不动倒在地上，鲜血汩汩从他身下流淌着，看样子摔得不轻，一时半会是逃不走的。他们飞快跑下去，眼前的景象惨不忍睹，应修人从窗子跳出后，在从四楼向下坠落的过程中，不知遇上了什么尖利的东西，肚皮被划破了，肠子都流了出来，再加上落地的时候右前额着地，脑袋摔裂了，这个共产党人即使肝脑涂地，也没有放弃自己的信仰。

这震撼人心的悲惨一幕，让三个特务中那个名叫夏采曦的眼睛湿润了。其实，他不是特务，是前几天被中统抓捕的共产党，后来他化名叫李菊村。因为从他嘴里得不到有用的情报，特工总部上海区长马绍武就想在这次抓捕行动中带上他，给外界造成一种假象，这个人已经叛变了。从跟着特务们出来的那一刻，他就想方设法准备逃脱，现在趁着混乱，他飞起一拳击倒身边的一个特务，眨眼功夫便逃进人来人往的大街上。

这次抓捕行动是秘密的，规定不允许用枪，所以那两个特务只好眼睁睁地看着夏采曦消失在人流中。

此时，左联领导人周扬正在去丁玲家的路上，走到昆山花园附近已是夜色阑珊，远远能望见丁玲的房间，窗子透出的灯影下人影凌乱，附近楼下一片嘈杂混乱，他发觉情况有异，立即折到对面邻近一条弄巷，避免了一场灾难。

夏采曦逃离现场，立即开始寻找党组织，把应修人牺牲以及丁玲、潘梓年被秘密绑架的事实如实作了汇报。

丁玲等人被抓捕后，关押的第一个地方是名叫“东方恒记”的小旅馆。

在那家小旅馆的一个房间里，门窗都被锁死了。就在关押他们房间的门“嘭”地一声关上、特务们都退出之后，丁玲急急走到冯达跟前劈头就问：“是你把我们出卖了？”

冯达苦着脸，声音中带着哭腔：“有人盯梢，我们的房子被人注意了，我和你不是说好了十二点如果有一个不回家，另一个马上离开吗？”

“你别管我离开不离开，我在问你，为什么把那些人带回家。”丁玲的问话有些咄咄逼人，冯达的眼泪落了下来，他哭着说：“我以为那个时间你已经走了，把他们带回家搜查不到有用的东西就会放了我，就说出了家里的地址。”

从冯达的叙述中，潘梓年和丁玲慢慢理清了事情的脉络：

冯达联系的那两个通讯员的住处被特务监视了，昨晚两个通讯员就被捕了。抓走那两个人之后，特务们就守在那个地方等着不小心闯进来的共党分子，结果，冯达一踏进那个地方，便被他们不费吹灰之力地抓获了。

冯达一开始还和他们争辩，说自己走错了门之类的谎话，后来发现说这样的话毫无效果，这些特务都见多识广，不是那么容易欺骗的，磨蹭了半上午，看时钟已经过了十二点，丁玲应当是从家里撤离了，就把家的地址告诉了他们。

然后就出现了刚才发生的一幕。

冯达哭着捶打着自己的胸，捶打着自己的头，说自己从来没有想过要出卖丁玲以及党的组织，他不过就是战斗经验不丰富，上了敌人的当，才把家的住址说了出来，不但给丁玲惹来麻烦，也连累了潘梓年，希望他们原谅他。

丁玲相信了他的话，相信自己的被捕是因为冯达无意中造成的，冯达如果连妻子都可以出卖，这个人也未免太卑鄙了吧。她的原谅，让冯达心里顿时轻松了许多。然而，因为他的软弱给党组织造成的一系列损失，对这一切，他没有及时反思，却沿着软弱的道路继续走下去，直到沦落为可耻的叛徒。

在那家小旅馆，从午后被关进去，到晚上秘密押解到南京，他们只停留了半天，他们不知道后来在昆山花园路七号四楼发生的惨烈一幕，不知道因为李菊村的逃脱，特务非常惊慌，他们怕抓捕丁玲的消息泄露出去后会给他们惹来麻烦，于是连夜把丁玲押送南京，以为这样负面影响会小一些，后来的实践证明，这不过是自欺欺人的小儿科把戏。

狱中生下小女儿

五月十五日黎明，丁玲一行被押上从上海开往南京的列车。

这个线路，丁玲不陌生。十年前和闺蜜王剑虹从上海辍学去南京，又从南京回到上海就读，就是走的这个线路。两年前，为了解救被关押在狱中的胡也频，她和沈从文也是沿着这个线路奔波着。如今，在一切还都没有醒来的黎明，重新踏上这个旅程，却是被中统特务押解着。车厢内冷冷清清，特务们警惕性很高，因为下午发生了应修人跳楼而死和李菊村逃跑两件事，马绍武受到了上级的批评，他迁怒于手下的特务，让他们必须机灵起来，不能在押送途中再出任何差池。

火车像是一个疲惫不堪的夜行者，一路喘息着，于清晨抵达南京站。

南京，是丁玲熟悉的地方，但是，这个清晨，一走下列车，在熟悉的南京站站台上，那场景在她的记忆中曝光成像，让她一辈子都忘不掉。

站台的车厢门口，站着许多接站的国民党特务，他们听说抓住了著名的共产党左翼作家丁玲，都想目睹一下这位年轻美女作家成为阶下囚之后是什么样子。车门一打开，丁玲便成为了围观的对象。站台上接站的那群人显得很不严肃，他们嘻嘻哈哈地散乱站着，丁玲出现在门口，一脸的肃然，一身的凛然正气，她缓缓走下列车，走上站台。清晨的风柔柔的，吹着她的短发，她目不斜视，冷冷地穿过这群接站者。

围观人群簇拥在丁玲左右，这样一个庞大的押解队伍，足见国民党对于本次抓捕的共产党人士的重视。

他们被带上一辆大巴车，直接被押送到国民党中央党部突击审讯，这次审讯自然是毫无结果，这在国民党意料之中。当天，他们被送进一个中国旧式的旅馆住了一天，旅馆内外到处都是便衣特务。丁玲的房间内只剩下她和冯达，潘梓年不知被押到了哪个房间。这个饭店的条件还是不错的，从房间内的设施来看，应当是一家豪华大饭店。他们只在这个饭店住了一夜，第二天一早，便又被转移到一家条件明显差了很多的小饭店，这个小饭店有一个狭长的院子，好像只有两三排平房，院墙高高的，里面安静得有些可怕。经过了这次辗转，她便没了潘梓年的消息，依然是她和冯达被关在一起，门口有三个特务轮流寸步不离地看守着，不用说逃离，只要他们靠近门窗，就会引来一阵厉声呵斥。

此时的丁玲一心想死，她决定以死抗争，被关押的房子房梁并不高，她撕了床单挂到房梁上，趁着看守不备，想悬梁自尽。自杀也不是件容易的事，她自己做不来，只能让冯达帮她一把。把头颈伸进绳套后，她踢翻了凳子，痛苦地挣扎了一会便脸色铁青，眼看要窒息了，冯达看不下去，又把她救下来。

活着难，想死也难，丁玲一阵绝望。

关进这个地方没几天，便来了一个国民党中央组织部党务调查科的人来“看望”丁玲，中央组织部党务调查科是中统的前身，来的这个人自称王科长，但是，从门口把守特务对他的态度来看，这不是什么重头人物，他对这个红色女作家明显吃不准该从哪里下手，毫无头绪地自说自话，费了半天口舌，丁玲始终一言不发，这个人失望地惨败而归。

对付丁玲这样的文化人，或许让文化人出面会有些效果。

于是他们便想起那个已经没有多大价值的共产党叛徒，原中共江苏省委宣传部长汪盛荻。这个汪盛荻从一九三二年开始担任江苏省委宣传部长，曾经是冯达的上级，后来被捕叛变。他到关押丁玲、冯达的房间时，丁玲正半躺在床上望着天花板上折射的太阳光影打发时光，汪盛荻进来，她装作没看见，依然看着天花板上的那点阳光，根本没打算理他。

汪盛荻厚着脸皮赔着笑脸对丁玲说："丁玲，你起来一下，我们谈谈吧。"

丁玲把头扭到一边，一声不吭。

汪盛荻讪笑着说："我知道你不爱理我，不过，我是真心为了你好。"他对冯达示意了一下，意思是让他告诉丁玲配合一下，冯达无奈地缓缓摇头，丁玲怎么可能听他的呢？

汪盛荻只好唱起独角戏："第一，你是共产党员，你抵赖不了，因为我已经向国民党讲了。第二，你不要幻想宋庆龄、蔡元培能救你。第三，胡也频被捕是共产党内有人告密。"

丁玲冷笑着对他说："共产党内像你这样的败类毕竟是少数，你不要以为别人也会像你一样当叛徒。"

汪盛荻被丁玲指责怒骂，脸上时红时白，却不敢发作，他是受国民党中央组织部党务调查科委托来劝降的，重任在肩，事情办不成无法回去交差，所以，他连续两天都过来执行这个任务，第一天来的时候，他满怀信心，以为不就是个文弱的女人吗，有什么难办的？到第二天，他是硬着头皮来的，最终灰溜溜离去。

对这个女人软的不行，他们决定试试硬的。在五月末的一个夜晚，他们把丁玲带上车，拉到国民党的暗杀机关周游一圈，想用这种方式吓唬她。那阴森的地方充满恐怖气息，丁玲想起遇害的丈夫胡也频，感觉此时他正用鼓励的目光在暗处盯着她，她暗暗告诫自己，不论遇到了什么，都必须挺住。

软的不吃，硬的不怕，这是个什么材料做成的女人？

六月末，国民党中央组织部党务调查科科长徐恩曾，决定亲自出面会会这个女人。

乍一看，这个小女人没什么特别的，圆圆的脸、大大的眼睛，二十多岁的年纪，脸上还带着一些青春稚气，不过，她的眼神与一般青年女子不一样，明亮、深邃、犀利、坚定，似乎能洞穿一切。徐恩曾明白，不可用对付一般小女子的方式对付她。

徐恩曾没有像其他来劝降的人那样，在丁玲居住的卧室谈话，而是把她请到一间有八仙桌太师椅的厅堂中，他身穿长衫，端坐在太师椅上，让丁玲坐到自己对面，一副和蔼可亲的样子。

丁玲立即警惕起来，她接的每一句话看似很随意，却都是经过深思熟虑的。

徐恩曾的话听起来很实在：“其实我们并不是特别去抓你的，只是想去破坏共产党的机关，偶然碰着你。你又不是共产党员，也不知道其他共产党员的住处，抓了你对我们没多大用处。不过，既然抓了，就无法轻易放掉。现在你在我们手里如同一块烫手山芋，在租界上抓你，已经引起租界捕房抗议和一些社会舆论，我们不愿惹麻烦，只好咬定不承认，你懂的。”

徐恩曾的表述方式与前些个出场的特务都不一样，明显是个高手。丁玲不随便应答，她知道，徐恩曾很快会抛出他的杀手锏，果然，他接着说道：“但是我们可以用另外一种方式放了你，就是把你送到另外一个地方去，躲开新闻记者，过自在的幸福生活。彭学沛愿意送你六万元钱，资助你出洋。”徐恩曾说的这个彭学沛是国民党中央党报《中央日报》的主笔，当时已经代理内政部长。

丁玲摇头婉拒了：“我和彭学沛不是很熟，不能拿他的钱，这件事不必谈了。”

这次谈话让丁玲了解到国民党对自己的态度，他们暂时不敢杀了她，她应当趁机周旋，为自己争取时间，寻找机会早日逃出这个魔窟。

徐恩曾来过之后，丁玲的生活状况有了改观。偶尔，已经叛变的顾顺章会到这里“串门”，扯几句天气之类的废话，或者谈点文学艺术之类的闲篇，来过几次之后，顾顺章就开始进入正题，看似心不在焉，却是他这些日子到这里来最根本的目的：“你不要一心只想到死，可以写张纸条应付一下当局嘛。既不暴露身份出卖同志，又能保全自己。”

丁玲摆摆手，没有作答。

冯达插言说：“纸条上写什么好呢？”

“就说从此归隐回家养母，在这里关押没受到什么审讯。”

冯达点点头，顾顺章走后，他接替顾顺章继续劝丁玲，丁玲觉得如果自己骗取国民党的信任，保持自己的清白活着离开这个地方，也是个不错的选择。初秋的一天，她在顾顺章拿来的一张信纸上写上：“因误会被捕，生活蒙受优待，未经什么审讯，出去后，愿家居读书养母，不参加社会活动。”

就是这张纸条，后来给她带来了无限的麻烦，影响了她一生，这是她始料不及的。

纸条写了，她依然被软禁着，并没有获得自由，这张纸条授人以柄，反而使她变主动为被动，特务们用谣言中伤诬蔑丁玲，这张纸条为那些谣言提供了依据。

只是，写完纸条，她被软禁的地方有了变化，她和冯达被押往浙江莫干山的监狱。

丁玲被带上汽车的时候，不知道自己又要被转移到什么地方。这一次汽车开了很长时间，早晨出发，一路颠簸，先是平路，后来变成了山路，奔波了将近一天，直到太阳落山才来到了一座山下。

车在山下停下来，山口有哨卡，丁玲和冯达被轿子抬上山时，天色已晚。在一个小山坳间的平地上，是一座两层的西式小洋楼，丁玲和冯达被安排住在楼上的一间正房内，楼下是看守和用人的住处，这里，便是丁玲新的幽禁地。

送她来的特务告诉她，这里是浙江的莫干山。

莫干山的秋色很美，如果在往昔，这美丽秋景一定能唤起她写作的冲动，但现在她是作为要犯被关在这里，再美的景色也与她的心情不相契合。此时刚进十月，不过山区的夜晚温度非常低，她手脚冰凉，冻得浑身发抖。冯达温柔地把她拥到怀里，一想到他那一天带着特务回家的一幕，丁玲就对他生出一股厌恶之情，她从他怀里挣脱出来，又被他紧紧拥住。

在这样一个僻远的地方，四周都是国民党特务和他们安插的人，只有冯达还能和她交流几句，丁玲突然觉得自己这般无助。这里的生活还可以，伙食不错，楼外的风景也不错，只是寂寞，死一般的寂寞。十月底，已是初冬季节，入夜，山风吹动着霜叶，那一夜，野外尽结寒霜，凭窗望去，四野白茫茫的，她拥衾而坐，薄薄的棉被依然还是冷，她抗拒不了冯达给她的那点温暖和温情，她是个女人，一个拥有七情六欲的女人。

进入深冬，莫干山开始下雪，她意外地发现自己怀孕了，妊娠反应很强烈。她不想要腹中的小生命，但这个孩子却顽强地生长着，一天天长大。

她轻轻抚摸着小腹，无望地看着已经被大雪严严实实覆盖的莫干山，她自己还没逃出魔爪，又怀上了一个无辜的小生命。这是叛徒冯达的孩子，她不想和他生这个孩子，她不想与他扯上这种扯不断的关系，可是在这远离人世间的荒野，却只能任由这个小生命恣肆地生长着，她毫无办法。

熬啊，熬啊，总算是熬过了这个冬天。

噩梦似的一年终于结束了，她获准离开这冰封雪冻的大山，脚踏积雪一步一滑走下莫干山，那时，她的小腹已经微微隆起。

一九三四年初春，她又回到南京，九月，生下了她和冯达的女儿蒋祖慧。

狱中生下女儿，对于一般被关在狱中的女人来说，是闻所未闻的，这件事，使丁玲的清白成为永远对世人说不清的一个谜案。

一切忍耐，只为逃离

重新回到南京之后，丁玲没有再被送进饭店，大约是住饭店的成本太高，还要有几个特务日夜把守，这一次她住进特工总部宿舍特务曹功锦家。

特工总部宿舍表面上看是一些普通民宅，但是巷子口日夜有人把卫着，一般人是不能随便出入的。丁玲住进曹功锦家，只能在院子里走动，大门是出不去的，她只要走出规定的禁区，便会被巷口的便衣特务抓回来。

特务担心总让她住在一处，秘密会泄露出去被外界知道，于是便让她在特工总部的中层家轮流住。城南登隆巷、明瓦廊、螺丝转弯等中统特务宿舍，她都住过。这时候，她重孕在身，国民党料她这个时期也不好逃脱，也就放松了对她的管理。

丁玲拖着笨重的身子，需要人照顾，她提出让远在湘西的母亲来照顾自己，特工总部经过慎重考虑，同意了。一九三四年四月上旬，丁玲的母亲余曼贞带着外孙蒋祖林也就是丁玲和胡也频的儿子胡小频来到南京。

为了让这个幼小的孩子平平安安长大，不受到侵扰，余曼贞给这个孩子改名叫蒋祖林。自从三年前把孩子托付给母亲，丁玲再也没有见过儿子，如今，他已经是三岁半的小顽童。在他童稚的目光中，挺着大肚子的丁玲是陌生的，这个叫做南京的地方更加陌生，他总爱赖在外婆的臂弯里，那样他才有安全感。

丁玲的状况让余曼贞非常担忧，她叹息一声，没有说一句幽怨的话，放下行装便开始忙碌了。

母亲来了之后，丁玲又搬到了明瓦廊的一处房子里，她总是这样搬来搬去的，不断处于陌生的环境中。

明瓦廊，是南京秦淮区的一个古老街巷，比一般巷子要宽许多，这个地方因生产一种嵌于窗户或天棚上的透明瓦而得名，在夜晚，秦淮河两岸凡是用过明瓦的酒楼都美轮美奂，非常明亮。到民国年间，生产明瓦的工坊已经很少，只留下明瓦廊这个好听的名字。

丁玲住进明瓦廊的第一天，就意外碰到了熟人，她发现，自已和姚蓬子一家成为了邻居。

丁玲不知道这是特工总部故意安排的，她还以为是碰巧呢，所以特别惊喜。姚蓬子和她不但是是多年的老朋友，还是左联的战友，是《北斗》杂志编辑部的同事。自从被秘密抓捕之后，她已经有一年时间没有见过组织上的人，突然遇上一个，她自然欣喜万分，她只是不明白，姚蓬子怎么也到南京来了？也住在国民党特工总部职工宿舍？

她并不知道，几天前姚蓬子已经屈服于国民党的淫威，彻底叛变了。

姚蓬子是一九三三年冬天在天津被国民党特务逮捕的，本来他也准备宁死不屈，但是终究敌不过国民党特务的各种折磨，一九三四年五月四日，他写了《姚蓬子脱离共产党宣言》，并在《中央日报》刊登。这个《宣言》一见报，就等于向世人证明，姚蓬子从此和共产党一点关系都没有了。他之所以成为丁玲的邻居，是带着任务住过来的，一方面是为了监视她，另一方面便是瓦解她，诱劝她投降。

姚蓬子也厌恶痛恨自己的软弱，他不愿接手国民党交给他的这个任务，又不敢拒绝，就硬着头皮仓促上阵了，他还没做好心理准备，便在门口遇上丁玲。乍一见到丁玲，他觉得自己无地自容，脸上发白，很是尴尬，特别是当丁玲把他当成同志，急切地询问他组织上的事情时，姚蓬子几乎崩溃了，现在他已经搞不清究竟是谁来瓦解谁了。

丁玲问："蓬子，你怎么搬到这儿来了？左联的同志们还好吗？想死你们了。"

姚蓬子支支吾吾："嗯，嗯。好，好。"

这不是姚蓬子一贯的风格，丁玲觉得他有些不对劲，但是，她又不知道哪儿不对。她疑惑地看了姚蓬子一眼，扭转身体，独自离去。姚蓬子看着这个腆着大肚子的女人的臃肿背影，心里五味杂陈。

回到自己的住处，丁玲告诉冯达："今天在门口见到姚蓬子了，不知为什么他看上去奇奇怪怪的。"

冯达的眼神也很奇怪："他与你说什么了？"

"没说什么。"

冯达沉默良久，说道："他已经叛变了。"

丁玲恍悟，隔日再见到姚蓬子时，两个人的脸上便都显出了尴尬，丁玲是个不会隐藏自己的人，从她的表情中一下子就能读出情绪变化。姚蓬子明白，丁玲已经知晓自己叛变的事了，他把丁玲叫到自己住处，泪水涟涟地告诉她："我也是没办法，那个脱党宣言是他们诱骗我写的。"

丁玲轻笑，那声音有些冷："不管怎么说，不能做对不起组织，对不起良心的事。"

姚蓬子慌忙说："我不会出卖组织和同志，他们让我住到这里来，就是为了监视你，你放心，我绝对不会伤害你，你就踏踏实实住着。"

丁玲的声音依然很冷峻，她对姚蓬子说："你知道当初是谁出卖我的吗?”

姚蓬子低声说:“就是因为冯达供出了你的房子。”

丁玲点点头,她知道事实上就是冯达出卖了自己,但是,因为他是自己的男人,她一直在回避这个事实。她问:“你知道潘梓年现在的情况吗?”

“听说被逮捕入狱后受了很多苦,后来判了无期徒刑。”

丁玲的心紧紧揪在一起,她深深自责,如果不是因为冯达,潘梓年怎么会受那么多苦?应修人怎么会死?应修人的事她后来也听说了,想象着他从四楼跳下的悲惨一幕,丁玲就觉得心里发冷。

刚住进明瓦廊,丁玲一家的日子过得很艰苦,她还曾向姚蓬子借过两百元钱,那一次姚蓬子显得很大方,说这钱不必归还了,算是送她的。那时候的姚蓬子在《大江日报》和《钟声》两个刊物做副主编,他告诉丁玲,反正闲着也是闲着,索性就给他的副刊写点稿子吧,稿费的事他说了算,每个月挣点稿费,日子宽裕些。丁玲打断他的话,说自己是不会给国民党的报刊写稿子的,以后这样的话就不要说了。

姚蓬子便不再说了。

丁玲没有生活来源,总不能让她一家老小饿死,不论饿死哪一个,都会招来不依不饶的社会舆论,国民党当局只好每月给丁玲一百元生活费，有了这一百元，丁玲一家的生活费差不多就够了。

丁玲的家，一直被形形色色、鬼鬼祟祟的小特务监视，那天，却突然来了个西装革履的男人。他看上去文质彬彬，很儒雅。

来人见了丁玲，便介绍说，自己叫张道藩，陪他一起来的人立即补充道："这是我们中央宣传部张部长。"

原来是国民党中央宣传部部长亲自来访，丁玲收回放松的目光和心情，马上绷紧了弦，提醒自己多加注意。

这位文人气质很浓的张道藩部长果然无事不登三宝殿，他正在组织公余联欢社话剧团，急需剧本，他考虑到如果让丁玲写剧本，一则为他们解决了当下的困难，二则起到了对她的同化作用，于是，他便来了。

得知他到这里来是建议自己写文章，写剧本，丁玲很客气地婉拒了，她笑着说："张部长，不是我不给你面子，你看我现在这个样子还写得了文章吗？再有三五个月就生孩子了，现在我安心保胎，这身体根本做不成什么事情。再说了，我从来没写过剧本，写小说和写剧本是两回事。"

丁玲以为事情就这样过去了，但到了盛夏时节的一个上午，巷口突然来了辆车。当然，这个巷子来辆汽车太平常了，关键是这车是张道藩派来接丁玲的。这辆汽车把丁玲接到了张道藩那气派的办公室，一见丁玲，张道藩便说：“这次不让你写剧本，只写个故事提纲即可。”

丁玲这次拒绝的理由是：“这个题材我不熟悉，这种故事凭空编不出来。”

张道藩是下定决心要把丁玲拉下水的，过了几天他又派人找丁玲，这一次他又退了一步，言称剧本已经写好了，只是让丁玲润色一下。丁玲这一次拒绝得非常坚决，她的原则是，不给国民党做事，不给他们抓住任何把柄。

她不做事，并不等于冯达也不做事，他们搬到明瓦廊之后没多久，冯达就到国民党机关翻译资料去了，据说每个月的月薪是六十元。

丁玲告诉他：“这个差事坚决不能做。”

冯达说：“不过就是做做翻译而已。”

丁玲一字一顿地说：“别忘了你是给谁做翻译，拿谁的钱。”

冯达轻描淡写地说：“你也太小题大做了吧。”

不管过去冯达是不是有意出卖了自己，她都原谅了，但是这一次她无论如何也不能原谅他了，他去给国民党做事，已经变成不折不扣的叛徒，这样的人，自己还能和他同居在一起吗？那个夜晚，她低下头含泪看着自己那不争气的肚子，肚子里还怀着他的孩子，她沉吟了很久，终于说出一句话："我们从此还是不要住在一起了，今晚你就到别的房间去睡。"

冯达惊诧地看着丁玲："你要和我分居？我是你肚里孩子的父亲。"

"这个孩子没有父亲，我们之间从此没有任何关系了。"

说这些话的时候，丁玲很冷静。余曼贞也在现场默默地看着这一切，她知道女儿有自己的原则，她不能插话。

冯达看丁玲态度坚决，便收拾东西离开了他和丁玲居住的房间，走的时候，他恋恋不舍地看着大腹便便的丁玲，哽咽着说了声"保重"。他的背影在灯影下有些昏暗，有些沉重。

那背影，让丁玲心中说不出是什么滋味。前不久，冯达患了严重的肺结核，咳嗽得厉害，他离去的时候，剧烈咳嗽着，肩胛不停抖动，显得可怜兮兮。毕竟，这个人是她同床共枕三年的丈夫，她不忍心伤害他。然而，柔情与残酷的现实对决中，她的理性、党性和对信仰的坚贞不渝占了上风，她必须离开他！别的她都可以忍耐，但这个不行，她不能再和这个人做夫妻，不能再和他睡在一张床上。

和冯达分居后，她又被迁到中山门外的苜蓿园。

接他们去苜蓿园的那辆黑色轿车，窗子上覆着密不透光的黑色纱帘，她什么也看不见，就被带进一座米黄色小洋楼。这儿雅致整洁，楼外的冬青树、女贞树、凤尾竹林和野蔷薇修剪得很整齐，环境比过去软禁的地方都要好一些，只是她居住的七号小洋楼与别的洋楼不同，外面加设了水泥桩和铁刺网，有专职特工监视她。

在那里，她生下了女儿蒋祖慧，产后身体虚弱。刚住进来的时候，她基本上就在楼内活动，像一个普普通通的家庭主妇，和母亲一起带着两个孩子安静过日子，不再写任何文学作品，不谈及任何国事政事。暗中监视她的特务们觉得她变了，以为她要安生过日子了，慢慢放松了对她的警惕，相对来讲，丁玲有了一些自由。

春天来了，苜蓿园开满美丽的星星点点的苜蓿花，丁玲的身体稍稍缓了过来，不过，她还是什么也不做。徐恩曾为了试探丁玲，在夏秋时节带着她到陵园东边灵谷寺等风景区游玩，她始终装作漫不经心的样子，这让徐恩曾都觉得：丁玲确实变了！

丁玲没变，那些漫不经心的游玩都让她想起当年她和王剑虹在南京居住时的一桩桩旧事，她暗暗告诉自己，一定要设法回到组织怀抱。徐恩曾经常过来找她“聊天”，偶尔便聊到北平的景物，丁玲说：“我真想再去北平看看，冯达现在肺结核这么严重，天天守着一个卧床的病人，我如果能到外面散散心该有多好。”徐恩曾说：“只要你不再和共党搅合在一起，按时去按时回，我准你去北平。”

她居然获准去了北平，在那里，她偷偷联系上了党的地下组织，然后按照规定日期回到南京苜蓿园。

国民党特务机构觉得丁玲很遵守纪律，已经改造得差不多了，这么好的机会她都没有逃跑，看来是舍不得丈夫和孩子，所以，当她随后提出自己身体有病，申请到上海找个日本医生治病时，徐恩曾痛痛快快地答应了。

她只身去了上海，这一次，她没有再如期回去，而是在共产党地下组织的接应下，远走高飞了。

丁玲的母亲与两个孩子还在苜蓿园，中统无论如何也想象不到一个女人居然可以抛子别母，义无反顾地追求自己的信仰！然而，对这些老弱病残，他们毫无办法，只能叹息一声，认输。

牢狱外的那些牵挂

丁玲被捕的消息，第一时间就被从混乱中逃出去的李菊村传播出去。

李菊村被捕之后，与他有联系的党组织为了安全，都撤到隐秘的地方，这种撤离是必要的，万一他叛变了呢。李菊村本来是想把这个信息告诉党组织，但是，他一个联系人都找不到，情急之下，只有去找由宋庆龄、蔡元培、鲁迅、杨杏佛等国民党左派和无党派人士组成的进步团体“中国民权保障同盟”。

同盟会的成员都是社会知名人士，他们从国民党手下营救过许多被国民党关押的共产党人和革命者，丁玲被捕，毫无疑问，他们不会坐视不管。在确认消息可靠之后，“中国民权保障同盟”立即着手营救丁玲和潘梓年。

“中国民权保障同盟”的营救行动策划周密，一方面，他们利用丁玲在文艺界的影响力，动员外国著名作家罗曼·罗兰、巴比塞等向国民党当局提出强烈抗议，抗议他们无故抓捕著名女作家；另一方面，他们把消息透露给上海租界当局，让他们要求国民党当局立即放人。除此之外，五月二十三日，蔡元培等三十八人联名向南京国民政府发出营救丁玲、潘梓年的电报。

国民党当局没想到抓了一个小女子给他们惹来这么大麻烦，早知道这样，还不如不抓。不过既然已经把她抓来了，就要想一个万全之策，眼下最好的办法就是坚决不承认抓捕丁玲和潘梓年的事，那时候也没有监控录像，你说抓了，证据呢？

这种矢口抵赖的流氓行为立即招来强烈的喊打声，他们不想把事情弄大，便承认确实抓了一个叫潘梓年的，至于失踪的女作家丁玲，则坚持称与他们无关。这样一来，如何处置丁玲就成了件不好办的事，如果杀了，会造成恶劣影响，思来想去不值得，如果关进监狱，等于默认他们抓了丁玲，自己抽自己大嘴巴子的事不能干，如果放了，她出去后会立即把曾经发生的一切公布于众，还是不行，最终只好秘密囚禁。

在此情况下，“中国民权保障同盟”主席宋庆龄、总干事杨杏佛，他们没有因为国民党撒谎就停止对丁玲的营救。或许是呼声太响亮了，蒋介石听到后很生气。从年初开始，“中国民权保障同盟”就呼吁全国统一抗日，这戳到了他的痛点，他的气还没消，此时见民盟又为一个共产党女作家折腾起来，便授意国民党当局发密令吓唬宋庆龄，并让特务给杨杏佛寄去一封装有子弹的恐吓信。

这种恫吓没有起到任何作用，蒋介石恼了，下令除掉杨杏佛。一九三三年六月十八日清晨，杨杏佛和儿子杨小佛开车出门，走到上海亚尔培路被埋伏在那儿的军统特务暗杀。

丁玲、潘梓年被捕，应修人牺牲，中共党组织及上海文化界对这个突发事件启动紧急应对预案，并发表了众多营救宣言。左联的宣言是这样描述丁玲的：“丁玲是中国突出的女作家，是新中国文艺最优美的代表者。为知识和文艺光明的斗争在她的小说诗歌文学作品中反映得很明白。她的小说诗歌文学作品最近已达到一个有计划的成熟时期，但不幸又受了这样毒辣的打击。”

这次突发的“丁玲事件”，让左联损失惨重，他们不得不采取措施保全实力，左联常委立即召集紧急会议，考虑到当前的残酷形势，左联决定暂停活动一个月，避避风头，以免让更多的同志出现危险。

左联活动暂停了，冯雪峰对丁玲的营救没有停止。丁玲的突然失踪，让他万分牵挂，他长夜难眠，翻看着她曾经写给他的那些情意绵绵的书信，心中更添焦急和挂念。在当时的情况下，以共产党的名义、以左联的名义去救丁玲都是不可能的，他去找沈从文，让他设法委托胡适出面展开营救。

沈从文也没有怠慢，除了托各种关系进行营救，他也用自己的方式制造舆论。

《丁玲女士被捕》是沈从文在丁玲失踪后十一天一气写成的，六月四日，《独立评论》发表了这篇文章。之后又写了《丁玲女士失踪》，发表在一九三三年六月十二日的《大公报》上。

那个五月，各种营救行动分头展开，朋友们以自己独特的方式牵挂着丁玲……

各种的营救不见一丝效果，各种的牵挂愈发的深切，丁玲究竟去了哪里？

不久，不知从哪里传出一个消息：丁玲其实已经遇害了。

这个消息，大家都信了。

当初胡也频被捕，不是很快就遇害了吗，丁玲难免也会遭遇毒手。

牢狱外的朋友们一片唏嘘，他们当真了，都在以自己的方式表达思念、怀念、悼念之情。

冯雪峰满怀悲痛地把丁玲近两年来写给他的信编成一组，题名《不算情书》，发表在《文学》杂志上。这些书信每一封都情深意切，其实就是实实在在的情书。一贯做事非常理性的冯雪峰把这些情书公开发表，用来纪念一个他误以为已经逝去的红颜知己，足见他对丁玲情之深、意之切，谁说他薄情，谁说他不爱丁玲，他一直以他的方式默默爱着她。

沈从文也一直没有停止为这个同乡、文友兼知己尽自己的拳拳之心，他创作了小说《三个女性》纪念丁玲，之后又写了长散文《记丁玲女士》，从一九三三年十月九日至十二月十八日在《国闻周报》上连载，文字间那浓得化不开的情谊令人感动，这友情绝对不掺一点假。

鲁迅闻听丁玲遇害的消息，满心震惊，悲愤异常，当晚挥笔写下了《悼丁君》一诗：

如磐夜气压重楼，
剪柳春风导九秋，
瑶瑟凝尘清怨绝，
可怜无女耀高丘。

为了深切怀念这位女作家，鲁迅建议出版丁玲未完成的长篇小说《母亲》，并大张旗鼓地对这部书进行宣传。小说出版后，他第一时间让人把稿费寄给丁玲远在湖南的母亲，表达他的深切慰问。

一时间，悼念丁玲的文章在左翼报刊铺天盖地地出现，丁玲过去写的文字也大量见诸左翼报刊和出版社的出版物中。

丁玲却没死，她还活着，顽强地活在国民党的幽禁之中。

居无定所的囚禁，让她备受煎熬，她变得很抑郁，寡言少语，只有夜深人静的时候，她望着黑黑的夜空，才会想起被捕之前的自己，那时她青春阳光、笑声欢快。

她或许比其他囚禁者幸运一些，身边还有个丈夫，但正是这个丈夫，叛变了，甚至把妻子都出卖了。和这样的人做夫妻，丁玲时时感到屈辱。令她屈辱的不仅仅是自己要和冯达睡在一起，还有那些关于她的谣言。

国民党特务懂得利用舆论的杀伤力，谣言的毁灭力，自从丁玲失踪后，关于她的谣言便没有断过。

传说丁玲遇害的谣言是最早的，这个谣言无非是想让那些试图营救丁玲的人们，不要再枉费心机了，丁玲已经救不出去了。

之后的那些谣言就恶毒多了：

谣言之一：丁玲已经放弃共产主义，背叛共产党，一抓捕就叛变了。

这个谣言是刊登在报纸、杂志的“社会新闻”版，“可信度”很强。

谣言之二：丁玲和中统上海区区长马绍武已经同居，马绍武后来被杀，是另外一个与丁玲有感情瓜葛的男人和他争风吃醋，杀掉了他。

马绍武究竟是怎么死的，共产党内部知道，国民党内部也知道，他是被中央特科英雄的“打狗行动”组除掉的，用这个谣言来污蔑共产党的美女作家，社会上不明真相的人说不定就被蒙蔽了，这种风流韵事的脏水，对于一个女人来说，跳进黄河也洗不清。

有一些关于自己的谣言丁玲是知道的，特务们一般情况下不让丁玲看报刊，但是那些登了谣言的报刊却是例外，他们会故意带到丁玲那里，让她不经意看到，让她愤怒，让她无奈，让她为之焦虑。

她破解谣言唯一的应对办法就是以不变应万变，她坚决不投降，坚决不写任何文章，她隐忍着所有的痛苦，等待着走出去的那一天。

她盼望着、期待着，她知道，党组织不会放弃她，朋友们不会忘记她，那一天总会到来的。

丁玲被软禁苜蓿园，这消息不知道是怎样传出去的，得知丁玲依然安好，那些一直在牵挂她的朋友们便安心了。南京市立一中磨风剧社和中央大学春潮文学社的学生们，慕名要去苜蓿园拜访、探望自己喜欢的女作家，但是他们根本走不近丁玲被软禁的那个地方，在外围就被挡了回去。

住进苜蓿园后，丁玲敏锐地发现国民党对自己的监禁稍稍放松了，她提出到北平看望老朋友李达、王会悟夫妇，鉴于当时李达、王会悟都已经脱离党组织，他们的身份不过就是学者，国民党方面同意了。

五月中旬的一天，丁玲拿到去北平的火车票之后，不敢怠慢，抓紧赶往北平，她的用意是通过李达寻找党的关系。

在初夏的北平，丁玲看起来很闲散，她拜望好朋友冰心、吴文藻夫妇，结识在中国大学任教的名作家曹靖华。国民党特务暗中监视她，发现她似乎没有寻找共产党组织的蛛丝马迹，她接触的都是些文人、作家、教授之类的。

恰恰是没有引起任何人注意的曹靖华，成为了丁玲联系党组织的纽带。

之后，党组织的营救行动开始悄悄进行着……

第六章　延安，我来了

浮华与贫穷，在动荡的年代是一种极端的存在。大城市灯红酒绿，小地方满目疮痍，在这样的对比下，许多小资作家都集聚在都市中，但是，她不一样，她原本有出国深造的机会，有留在大上海的机会，她却一心要到贫穷的根据地去参加革命。她说："人，只要有一种信念，有所追求，什么艰苦都能忍受，什么环境也都能适应。"

法国，上海，还是陕北

李达夫妇把曹靖华介绍给丁玲认识的时候，丁玲凭着第六感，觉得或许他就是自己与党组织接上关系的牵线人，她知道他翻译过《铁流》，在莫斯科的时候和瞿秋白是老朋友，和鲁迅关系密切，就凭这些，不管他是不是党的人，都会暗中帮自己一个忙。

其实那次是他们第一次见面，之前两个人只是彼此知道对方的名字，从来没有谋过面，他们在这之前只是两个陌生人。两个陌生人初次见面，却似相识多年的老友那般亲切，丁玲没时间多考虑，她没说多少话就进入正题，请求曹靖华帮着自己寻找鲁迅，把自己关押的地点、近况通过鲁迅转告党组织，让组织设法帮助自己逃出去。

曹靖华郑重地承接了这个高风险的艰巨任务，他答应帮她去找鲁迅，安慰她不要着急，先回南京静等消息，别露出任何破绽。丁玲心中十分温暖，这是她被俘三年来第一次感觉到亲人般的温暖，她不知道，其实那时候曹靖华还不是共产党员。

受丁玲之托，曹靖华不辱使命，立即把丁玲关押在南京苜蓿园的情况告诉了鲁迅，鲁迅找到冯雪峰，此时的冯雪峰是刚从陕北抵达上海的中共中央特派员，丁玲被捕之后的去向一直是他心中最大的牵挂。这几年，冯雪峰经过了长征的考验，不但是一个坚定的共产党人，而且已经是共产党的领导干部，受中央派遣，他从陕北黄土高原热烈的红色氛围中回到灯红酒绿的上海，一时还没适应这不紧不慢、有板有眼的生活节奏。

冯雪峰重新回到上海，主要有四个任务：在上海建立电台，化名“李允生”通过电台向党中央通报情况；开展抗日统一战线工作，促进各党派联合抗日。团结鲁迅，同上海各界救国会领袖沈钧儒等人连接上关系；了解上海地下党的情况，迅速恢复被国民党破坏了的中共上海地下党组织；整顿上海的左联文艺界。

辗转到达上海，冯雪峰住在客栈，他知道鲁迅过去经常去内山书店，便去那里打探消息，果然探得鲁迅仍然住在原来的大陆新村。黄昏，冯雪峰见到鲁迅，当时的冯雪峰穿着长袍子，手提小箱子，又黑又瘦又高，乍一看像是贩卖私货的商人，鲁迅见到他先是一愣，然后便大笑起来，老朋友重新见面，紧紧相拥，彻夜长谈，说长征、说陕北。那一夜，鲁迅谈兴很浓，兴奋地说：“我想，我做一个小兵还胜任的，用笔!”

之后，鲁迅家成为冯雪峰经常去的地方，他隔三差五就过去坐坐。进入五月，鲁迅的身体越来越差，肺结核病突然加重，作为好友，冯雪峰亲自陪侍左右，或者索性就住在鲁迅家里。

当曹靖华把丁玲的情况告诉鲁迅时，冯雪峰第一时间就从鲁迅那里得到了丁玲的消息。三年了，这三年中，他投入到水深火热的革命斗争中，从上海到苏区，又走过两万五千里长征，爬雪山，过草地，出生入死，最艰难的时候，眼前总会浮现出一双美丽的大眼睛在鼓励自己，那个心中无限牵挂的女人现在在哪里？还没等他去找寻，居然就有了她的线索，这是缘分吗？

马上去南京解救她。这是冯雪峰的第一个想法，但是，他现在是共产党中央特派员，他的身份和地位以及眼下的局势，容不得他冲动做事，他必须理性地策划一个营救丁玲的方案，争取万无一失。

他委派曾与丁玲同在左联工作过的张天翼到苜蓿园探望丁玲。趁人不备，张天翼偷偷塞给丁玲一张窄窄的字条，字条上只有两行小字：

知你急于回来，非常好，现派张天翼来接，你可与他商量。

只有这两句话，并没有署名，但是那熟悉的笔迹，让丁玲的眼睛顿时湿润了，这是冯雪峰的笔迹，这三年中，她日夜思念他，看到这两行字，就如同见到他的人，她声音颤抖着对张天翼说："他还好吧。"

"好。"张天翼不便多说什么，低声告诉她："等着我的消息，方便的时候，我会安排你离开这里。"

丁玲深深点点头，她已经等了三年，不在乎再多等几天、几个月。

根据党组织的安排，她向中统提出去上海看病，在一九三六年的“九一八”国耻纪念日，她按照事先布置好的程序，来到了南京车站，张天翼让丁玲乔装打扮，并安排自己的侄女张若嘉接应丁玲，她们躲过国民党特务的监视，离开南京前往上海。左翼作家胡风早已等候在上海火车站，丁玲一出站，就被胡风迅速接走了。

她又回到了上海，又回到了党的怀抱。

回到上海三天后，她终于又见到了他，站在她面前的冯雪峰更加黑，更加瘦了，他头发剃得很短，穿着很随意的长衫，四目相对时，万语千言却不知道从何说起。

丁玲脸上是笑，眼睛里却闪着泪光：“我以为永远见不到你了。”

“这不是又见面了吗。”冯雪峰用平静的微笑安抚她那颗受伤的心。

丁玲开始述说她在狱中三年经历的一切，她突然觉得自己在他面前有这样强烈的倾诉欲望，但是她发现只有自己在说，冯雪峰却很少插话。丁玲晚年在《魍魉世界》这部书中回忆当时的自己：

> 看到他，我第一个感觉是他变了。怎么变了，变在什么地方，我说不清楚，也不可能，细想下去；我只顾自己说话。说着说着就哭了起来。并不是说到什么伤心的地方才哭的，好像这眼泪已经准备了很长时间，准备了三年的时间，堵塞在我胸中、眼中已经三年了，三年来随时都想找一个地方把它全部倾泻出来。我已经忍无可忍，呵！我该流一次眼泪了。于是我尽情地哭了起来了。我以为我会得着满腔同情和无比安慰，然而我只听到一声冷峻的问话。雪峰说道："你怎么感到只有你一个人在那里受罪？你应该想到，有许许多多人都同你一样在受罪：整个革命在这几年里也同你一道，一样受着罪咧。"

冯雪峰的冷静如同一盆冷水。丁玲此时渴望最爱的人给她一点同情和安慰，但他却还是像以往那样严峻理智。这冷冰冰的外表，与刚从鲁迅那里得到丁玲消息时急切安排营救丁玲的那个冯雪峰判若两人，这就是冯雪峰，一个内心火热、外表冷漠的男人，爱上这样一个男人，是一件幸福的事，也是一件痛苦的事。

丁玲心里有些失落，他没有变，还是过去的老样子，这一生，他们之间的爱情只能存在于这种形式下。

冯雪峰让她先在上海住下来，容他向党中央汇报情况后，再决定丁玲下一步去哪里，给她安排什么工作。

丁玲暂时住到了沈从文那里。

此时，沈从文已经有了自己的家，且已举家搬迁到北平，这次他从北平来到上海，是来生活书店和大华书局办事，住在一家旅馆里，丁玲也住进这家旅店，她只住了两日便有了新的住处。

那个时候，丁玲搬离沈从文住的那个旅馆，一个满带微笑，一边送一边挽留；另一个走出老远，还在不舍地回头招手。

丁玲离开旅店，去找冯雪峰。

对于丁玲的去向，冯雪峰思来想去，觉得还是把她送往陕北最妥当，无论于公于私，他都要对丁玲负责任，不论是作为她最在乎的男人，还是作为她最信任的上级领导，他都当仁不让地要替她做好应当做的事情。毫无疑问，让丁玲留在上海工作是不合适的，中统不会放过这个从南京逃出来的共产党女作家。他立即启动秘密电台请示党中央，经请示，决定让丁玲去陕北。

宋庆龄听到这个消息，派人送来三百五十元钱，让冯雪峰转给丁玲，作为她离开上海的盘缠。

那年的中秋节是十月中旬，在中秋之日，人们都沉浸在节日喧闹的氛围中，没人注意到，这天丁玲和聂绀弩乔装成夫妇，登上开往西安的列车。去陕北那样的敏感区域，只能曲线转赴，不可能直接到达。

列车驶出上海，向西而去。

开始的时候，丁玲和聂绀弩热烈地交谈，心情亢奋了一整天。当夜幕快要降临，天上升起一轮皎洁的圆月，夜越深，月色越来越明亮，她的心情也变得复杂起来。每逢佳节倍思亲，这个浪漫的女子，这个善感的女作家，想起自己留在南京苜蓿园国民党反动派魔掌下的年迈母亲和一双年幼的儿女，自己逃出来，不知他们是不是受到了牵连，在同一轮圆月下，自己的亲人可好？不要恨我的无情，不要怨我的不辞而别，忠孝不能两全，为了革命的理想和追求，只能舍弃这浓浓的亲情。

火车奋力狂奔，踏上西安古城的土地，丁玲感觉，自己离陕北又近了一大步。

十月的西安，秋风正爽，秋色中这座古老的城市透着古朴的美。聂绀弩完成送达任务，便把丁玲悄悄安置在一家事先约定好的僻静小旅馆，自己去当地寻找党组织。丁玲留在住处，静静等待地下党和她接头。她不敢离开旅馆一步，怕自己正好出去的片刻，耽误了接头时机。

默默等待三天了，却不见任何人和她联系，那几天天气阴晴不定，天上飘起丝丝秋雨，她从上海穿出来的薄薄的旗袍在秋风秋雨中有些单薄了，透着凉意。窗外，雨丝摔打着垂柳，屋檐下的雨每滴一下，她的心便不由自主紧一下，增添一点烦闷，莫不是聂绀弩找不到地下党，莫不是西安的地下党把自己忘记了？

终于有人敲响了她的房门。

是聂绀弩带着潘汉年来了。

潘汉年当时是中共派往南京和国民党进行国共合作谈判的代表，他途经西安，听说丁玲临时住在一个小旅馆已经等了好几天，便过来看望她。问明丁玲的情况，潘汉年思忖了一下，说道：“其实你现在不必去陕北，如果去法国，比去陕北更有力。”

丁玲不解，忽闪着大眼睛问：“此话怎讲?”

潘汉年解释说：“你被国民党逮捕关押，引起国内外关注，造成国际影响，如果去左翼势力大的法国，可以宣传中国革命，还可以进行募捐活动。”

丁玲一心想的是去陕西，潘汉年的话让她猝不及防，她极力争辩说：“我还是想去陕北，这是我唯一的心愿。被囚禁的这三年我朝思暮想的就是回到党中央的怀抱，我这受尽摧残的心只有到了那崭新的世界，才能修复过来。”

她着急的样子让潘汉年忍不住笑了："我只是提一个建议，最终还是要听取你的意见，如果你一心想去陕北，组织上会考虑你的想法的。"

丁玲原本觉得自己经历了这么多的艰苦磨难，已经变得很理性了，但在潘汉年面前，她发现自己还是一个容易冲动的人，与潘汉年的不动声色相比，她那急切的表白显得十分幼稚，她脸腾地红了，轻声说："谢谢组织！"

按照丁玲的意愿，潘汉年答应了派人把她送往陕北。

聂绀弩则按照潘汉年的安排，返回了上海。

这次人生选择，决定了丁玲的后半生。倘若她听从了潘汉年的话，去了法国，她的未来将完全是另外一番景色。

她义无反顾，去了陕北，她向往已久的陕北。

她说她从来没有后悔过自己的选择。

保安来了个美女作家

从小旅馆搬出来，丁玲住进一个名叫冯海伯的外国牙科医生家里。

冯海伯的原名是温奇·海伯特，对外他是一名牙医，实则是德国共产党员，他利用牙科医院做掩护，帮助中国共产党设立地下交通站，这个交通站负责沟通陕北与上海、香港等大都市的联系，上海到陕北的地下工作者一般都在西安中转，有了这个秘密交通站后，这里便是中转站。

这个牙科医院不是一般的小诊所，它地处七贤庄公寓，北靠城墙，东邻火车站，南连杨虎城官邸，是一个处于交通要塞地段的大宅院，院子看上去非常气派，四周高墙环绕，院子上的牌子是精致的铜匾招牌，上书“德国牙医博士冯海伯牙科诊所”。在这里做牙医助手的基本上都是地下党，在丁玲到这里住前不久，邓中夏的妻子李夏明刚从上海的国民党监狱来到这里，明着是冯海伯的牙医助手，其实是交通站机关的工作人员。

丁玲搬到七贤庄牙科医院，静静等待去陕北的时机。

这里的生活很舒适，安静而悠闲，让丁玲有一种回家的安全感，只是每每想起母亲和孩子，她便会有一丝不安。

这里虽然幽静，消息却不闭塞，不管是好消息还是坏消息，第一时间就能收到。十月十九日鲁迅在上海逝世的消息，丁玲很快就知道了，她以为自己听错了，因为她从上海出发时，听冯雪峰说鲁迅虽然已经病重，但看上去精神还很好，突然听到这个噩耗，她震惊了，泪水“哗”地顺着面颊流下来，无限的悲痛涌上心头，她给鲁迅夫人——许广平女士发去了唁函：

> 我两次到上海，万分想同他见一次，但为了环境的不许可，只能让我悬想他的病躯，和他扶病力作的不屈精神，现在却传来如此的噩耗，我简直不能述说我的无救的缺憾了……这哀恸真是属于我们大众的，我们只有拼命努力来纪念着世界上一颗殒落了的巨星，是中国最光荣的一颗巨星。

这封唁电的署名是“耀高丘”，险恶的局势使她无法用自己的真名发这份唁电。

鲁迅走了，一颗耀眼的巨星陨落了，他未完成的事业需要丁玲他们继续去做，她更加急切地盼望着早一天到陕北去，尽快投入到工作中。

丁玲在等待着。在这个地下交通站，生活过得很自在，这里的伙食很好，每顿饭都有几个菜，总能吃上鸡和猪肉，餐后还会有点心和咖啡，完全是一种中西结合的小资生活。

那天下午，冯海伯吩咐厨房多杀几只鸡，准备丰盛的汤和点心、咖啡，说是晚餐有客人来。

每逢有客人来，厨房的厨师忙不过来的时候，丁玲和李夏明也去帮厨。

看冯海伯兴奋的样子，李夏明悄声问丁玲："今天要来一个什么样的客人，让他高兴成那样?"

丁玲笑着摇摇头，她知道，来的那个人一定是冯海伯最希望见到的朋友。

饭菜准备好了，客人已经到了，在前厅坐着呢，丁玲去请客人吃饭，看见沙发上坐着一个高个子外国女人和一个外国男人，还有一个貌似翻译的中国人。听到有人进来，外国女人扭头来看，丁玲惊诧地发现，这个女人居然是史沫特莱，她们的目光相遇的刹那，眼中都充满惊喜。

"我们又见面了。"两个人相拥到一起，有些冷落了那个外国男子。史沫特莱意识到之后，马上向丁玲介绍："这位是埃德加·斯诺，刚刚从陕甘宁边区过来。"

那个夜晚，丁玲和史沫特莱、斯诺在翻译的帮助下聊了一个晚上，这是她这许多年以来最长的一次聊天，斯诺说了很多关于陕甘宁边区的见闻，他只要一停下来，丁玲便催促他："接着说，接着说。"

史沫特莱对丁玲说："你还是过去的老样子，性子总是那么急，过不了多久你就去陕北了，到了那里自己亲眼去看不是更直接吗。"

"我现在就想知道关于陕北更多的消息。"丁玲用眼神催促着斯诺，他只好接着说下去。

十一月一日，丁玲终于等来去陕北的机会，她告别七贤庄牙科医院的朋友们，兴冲冲地踏上去陕北的路程，她此行的目的地是红色根据地保安。临行前，冯海伯医生送给她一条从国外带过来的毛线运动裤，告诉她天气越来越冷了，以后会用得着，丁玲想推辞，但抵挡不住冯海伯的真诚，便收下了。

从西安出发，向西北行进，野外的主色调开始以黄色为主，旷野的原始气息与繁华的大都市上海、与古朴庄重的西安都不一样，这里的风烈烈的，有些寒冷，她本来就不太细腻的脸蛋几天下来明显就有了些粗糙感，用手摸上去，涩涩的。

渐渐地，村庄中的灰色和红色元素多了起来，一开始偶然能看到穿灰色粗布衣服打绑腿的军人，后来便能看到这些灰色军服组成的队伍以及红猎猎的旗帜，带路的向导说，已经到保安了。

当时的保安是中共中央驻地，在这之前，中共中央的办公地点在瓦窑堡，夏天的时候刚刚迁到这个地方。这是陕北的一个小镇子，民风淳朴，丁玲刚到这里，便被几个穿粗灰军装的干部迎到一间窑洞里去休息。

其中一个人说自己是中组部的，问她，来这里的介绍信在哪?

丁玲被问愣了，到这里来还需要介绍信啊？从上海出发的时候，冯雪峰也没有和她说过介绍信的事，他只是告诉她：中央来电同意你去陕北。

对她这种不懂得组织程序的文化人，中组部还是很宽容的，他们没有再提组织关系的事，她是最早到陕西的著名作家，或许，正因为她著名作家的头衔，组织上也格外宽容关照，组织关系及介绍信的事也就没人再追究。

她长这么大，还是第一次见到窑洞，这是一种古老的居住方式，背倚着厚厚的黄土，尽管那天的风很大，但是窑洞里面洒满阳光，暖融融的。

听说从大都市上海来了个著名女作家，人们都来看望她，这些人中有高层领导，也有住在附近的老乡，老乡们送来当地最好吃的土特产，他们用这种最简单、最质朴的方式欢迎这位来自远方的客人。

在这里，丁玲觉得自己身心彻底放松了，她到家了，回家的感觉真好。

午后，一个穿灰色军装的军官来看她，告诉她今晚上中央为她举办一个欢迎宴会，让她好好准备一下，宴会上她还要做发言。

一听说自己还要做发言，丁玲就觉得心理上有了压力，她推辞道："还是不要发言了吧。"

"一定要发言的，你知道今晚有谁出席这个晚宴吗？"

"谁啊？"

"中央主要领导都要参加的。"

丁玲不好多问都有哪些领导参加，她对晚上那场宴会既期待，又忐忑，担心自己在中央领导面前发言的时候露怯，说的不到位。

那是一个安静的初冬之夜，在一座比较大的窑洞里，早已放好了桌椅板凳，桌上的菜肴简单而粗糙，但是在这个地方却是最丰盛的了。丁玲早早赶了过来，随后，参加宴会的人陆续都到齐了。

窑洞外面的天气很冷，她心里却是暖融融的，她觉得这是她生命中最幸福、最光荣的时刻，中央领导对这位著名作家的到来表示热烈欢迎。最后，轮到她发言了，她第一次在那么多的领导同志面前讲话，有些激动，也有些语无伦次，她那天的发言是所有发言中最长的，她说了自己在南京的生活，说了自己这些年对革命的追求，今天来到这个神圣的地方，她怀有一种朝圣的心理。她的讲话很意识流，这种与众不同的意识流显得很文艺，很小资，还带着一丝小浪漫。她感觉自己说得很不成功，没想到却吸引了大家的注意力，她讲完之后，那热烈的掌声不像是简单的迎合，能听得出，是大家发自内心的。

在苏区保安，新政权还有待完善，对于丁玲这样的美女作家，还不知道该让她做些什么，给她分配些什么工作。除了她之外，大家都很忙碌，她眼巴巴地看着自己窑洞外面那些匆匆走过的忙碌身影，感觉自己的闲适与这里的大氛围有些格格不入。

大家都忙的时候，她便写作。自从被捕入狱，她已经很久不写作了，回到这红色根据地，她又有了写作的欲念和冲动，这篇作品就叫《保安行》，以她这几天亲眼看到的根据地生活为素材。尘封很久的笔遇上想写的题材，依然文思顺畅，妙笔生花。

在这里，一切都是新奇的，一切也是陌生的，她想尽快熟悉苏区的生活，让自己融入其中。她换上灰布军装，一头短短的黑发配上这样一身军装，英姿飒爽，看上去蛮像那么回事。她不愿戴着作家头衔在苏区闲逛，真的想到战场上去，到一线当一名战士，了解红军的实际生活。

中央领导对她的想法很是欣赏，鼓励道：如果想打仗，还赶得上，你就到前方去吧，山城堡战斗刚刚打完，也许还能赶上最后一仗。

昨天文小姐，今日武将军

等待上前线的过程中，筹备已久的文化艺术协会召开了成立大会，这个协会其实就是后来中国文联的前身，在那次会议上，田汉、丁玲、成方吾、欧阳山等当选为理事，丁玲当选为中国文艺协会主任，中国文协是后来的中国作协前身，也就是说以后她的头衔就是“丁玲主任”了。她对这个头衔并不是很在意，她最在意的是什么时候才能奔赴前线。

这几天的等待在丁玲看来有着度日如年的感觉，就在她当选文协主任的第二天，她才好不容易盼来肖劲光那边的消息：马匹和勤务员全都物色好了。

丁玲立即决定：明天一早就出发。

她告诉自已，不要激动，晚上好好睡觉，明天精神饱满地踏上征程。但是，那天晚上，她还是失眠了，时睡时醒，好不容易盼到了天亮，她爬起床，穿戴整齐，外面穿上刚发给她的一件黑棉衣，棉衣里面是她从上海带过来的一件毛衣，下身是冯海伯医生送她的那条毛线运动裤，这条裤子她还一直没舍得穿，为了走路轻便一些，犹豫了一下便穿上了。她迅速打好背包，这打背包的技术，还是临时和一个从万里长征走过来的老红军战士学的，她的背包打得不太好看，却结实，实用。

推开窑洞的门，一股冷飕飕的空气扑面而来，外面白茫茫的一片。下雪了，不大，只是薄薄的一层，盖住了地面，高高矮矮的原野被粉饰成白皑皑的，纯洁美丽。

雪花已经变得细碎，渐渐停下来。有马蹄声踏破清晨雪日的宁静，由远及近，是肖劲光派人送马匹和勤务员来了，马还算高大，只是走起路来一瘸一拐的，勤务员还算英俊，只是瘦瘦弱弱的，满脸稚气。

丁玲疑惑地看着那匹马，送马的战士解释说："这马还是从一个首长那里要过来的，眼下只有这一匹马了。"

瘸马就瘸马吧，有匹马总比没马强，自己参加革命不是讲条件图享受的。丁玲接受了那匹马和那个警卫员，准备出发。出发前，她问警卫员今年多大了，警卫员回答："报告首长，我今年十二岁，是红军大学校部警卫排的战士。"

才十二岁，完全还是个孩子嘛！声音也是奶声奶气的，还没变音。

丁玲拍拍小战士的头，看看那匹马，忍不住笑了。

好吧，一个一身浪漫的红军女文化官员，带着一名十二岁娃娃兵，牵着一匹蹩脚的跛马，这个组合很奇特，走到哪儿都是一道风景。

正要出发的时候，杨尚昆骑着马来了，身边是夫人李伯钊。

李伯钊比丁玲小五六岁，她身上那件皮夹克很前卫，斜挎着的左轮手枪和腰间围着的一溜子弹，把她衬托得更加英姿飒爽，让见多识广的丁玲都看直了眼。

杨尚昆是奉命和丁玲一起出发上前线的，他的职务是红军前方总政治部副主任，当年在上海中宣部工作的时候，他参加过左联的会议，那时候丁玲担任左联党团书记，他们算得上是熟人，现在他们又相逢在苏区，一路上，有个熟人做伴，会有个照应。

丁玲喜出望外，跟在杨尚昆后面便出发了。

他们从洁白的薄雪上走过，踏破清晨的寂静，雪地上留下一串清晰的印记。丁玲回望着已经落在身后的保安镇，她在这个地方一共住了不到二十天，却有着深深的眷恋。过些日子还会回来的，她想，再回来有了生活素材，就可以创作出写红军题材的好作品了。

他们行进的方向是西北方，此时正值初冬季节，刮的是西北风，所以他们基本上是顶着风往前走。

出了镇子，继续西行，不知道走了多远，就到了洛河边，然后他们沿着洛河一直向西向北。一路风霜，那份艰苦是丁玲从来没有经受过的，她咬着牙忍下来了。她现在已经不是写《莎菲女士的日记》时那个充满小资情调的文小姐了，她是红军女战士丁玲。

他们此行的目的地是定边县绍沟沿村，彭德怀指挥的西征军司令部就驻扎在那个地方。

丁玲对要去的那个地方一点概念都没有，几天来他们都在沿着洛河流域行进，是顺流而下还是逆流而上她看不出来，水面结着一层薄冰，冰面闪着寒光，踩上去吱吱嘎嘎地响，让走在上面的人战战兢兢。

丁玲的瘸马除了驮行装，根本就不能骑，他们半路上找到一头毛驴，丁玲骑着毛驴奔向定边县。一路经过吴起、保安县，经过八天的急行军，十二月中旬来到定边的西征军司令部驻地，正赶上那里为张太雷、叶剑英等领导的广州起义九周年举行纪念会，那恢弘的场面让丁玲第一次感受到一线革命的氛围。

定边的绍沟沿村平时最热闹的地方就是城隍庙，所以"广暴九周年纪念大会"的会场就设在那个地方。丁玲冒着寒风来到会场，身上那件棉服在这里根本就抵挡不住刺骨的风寒，定边县委的同志赶紧帮她找了件光板老羊皮袄穿在身上，丁玲就是这样一身打扮被拥上主席台。

坐到了台子上举目四望，她觉得自己今天真的是与大家打成了一片，台下到处都是和自己一样装扮的人，穿着老羊皮袄的农民、戴白帽的回民、戴着皮帽的蒙古人，他们朴实的脸上挂着开心的笑容，这么多相似的笑容聚合在一起，形成一片欢笑的海洋，那氛围极具感染力。那天下午，丁玲的脸上也一直挂着和他们一样的憨笑。天气很冷，在露天的空间举办活动，长时间坐在主席台上，手脚都冻僵了，心里却暖融融的。

那天，她见到了传说中的彭德怀彭大将军，他也是一身粗布军装，眉宇间是肃然的英武军人之气，但是，那被寒风吹得满是裂口的粗糙的脸，又带着农民式的憨厚。她用一个女作家的眼光审视这个散发着质朴和阳刚之气的大将军，从看到他的第一眼起，她就觉得自己应当为他写点什么，她一定要写，他身上有一种特别能吸引她的东西。

那篇文字就是《速写彭德怀》，在那个时代所有描写革命干部的文章中，这是一篇难得的情真意切的散文，丁玲笔下的彭大将军形象是立体的、感人的，“我们是怕他的，但我们更爱他”。

丁玲在定边的时间并不长，短暂的时日，她被那里特殊的西北文化所吸引，那里的窗花真好看，那里的布老虎真灵动，都是巧手的女子们剪出来缝出来的，她想学着去做，她还想学唱那里高亢婉转的信天游，这些都来不及去学去做，他们又要离开这个地方，开赴庆阳、西峰一带了。

从定边，到庆阳、西峰，再到咸阳、三原、淳化，丁玲随着彭德怀的主力红军南征北战，她的生活也启动了居无定所的战争行军模式。她像军中花木兰，和男军人们同吃同住同行军同打仗，抽空还要在小本本上随时写上几笔。

她在前线司令部的政治部工作，现在，拿枪作战和用笔写作都成为她的生活常态。

启动全新的生活模式

在丁玲上前线的几个月中，中央驻地已经由保安搬到了东面一百公里外的延安。

这个地方比保安热闹得多，虽然依然处于贫瘠的西部地区，但相对保安来说，就如同小乡村和大城镇的区别，这里已经有了城市的雏形，每天在街面上都能见到来自四面八方经商的商人，比如卖私盐的南方人，卖裘皮马匹的蒙古人，卖日杂百货的中原人，这些人操着各地不同的口音，开着各式各样的商铺。然而，丁玲这些年走南闯北，早已对繁华视而不见，却一下喜欢上了这里特殊的民俗民风。

毛泽东住在城西凤凰山的一座院子里，这里的条件明显比保安强多了，窑洞不再是最原始生态的那种土窑，庭院里甚至还有一间石板砌的会客厅，这样的房屋，只有大户人家才住得起，这样的居所，既有浓郁的陕北地方特色，又雅致大方得体，过去，政治局开会随便找块空地就算是会场了，自从有了这座院子，政治局的会议基本上就固定在了这个地方。

丁玲从前线回到大后方，便成为这里的常客，她陪毛泽东聊天，除了聊聊共同熟悉的朋友和故土，便是诗文。毛泽东最感兴趣的是古典文学，他在这方面的造诣，让丁玲这位中国著名女作家也甘拜下风，从毛泽东那里，她总能学到一些新东西，所以，后来只要毛泽东讲课，她都要早早坐到台下等着听讲。

革命尚未成功，一切仍须努力，延安需要丁玲这样的女干部，毛泽东很看好丁玲的能力，文协主任毕竟是虚职，他准备给她委任个实职，于是给红军后方总政治部罗荣桓推荐丁玲担任中央警卫团政治部副主任。

任命很快就下来了。

丁玲没想到毛泽东给她委任的居然是中央警卫团政治部副主任，她又惊又喜又忧，自己一个舞文弄墨的文学女子，突然摇身一变成为纯军事官员，这样的重任自己能担当得起吗？

她婉转地对毛泽东说："我还是继续当我的作家吧，或者当新闻记者也行，这个中央警卫团的主任我怕自己干不来。"

毛泽东吸着纸烟，一明一灭的烟头火光衬托着他不动声色的表情，他对丁玲说："你想当红军，现在不是已经成为红军中合格的一员了吗？你能当红军，也能当好红军的军官。不会就学嘛，只要肯学，你这个聪明的脑壳，什么学不会啊。"

丁玲不好意思地笑了："在这里，我要学的东西太多了，每天都在不断学习。"

"这就对喽，当主任也是要不断学习，只要做到下面几条就成功了一半：放下架子，协调好方方面面的关系；多动脑子，有好的工作作风和方法；吃透上级精神，理论联系实际。最重要的，严格要求自己，身先士卒，不搞特殊化。"

这些其实都是老生常谈，因为是从毛泽东的嘴里说出来，丁玲便觉得不一样，她决定接受这个任命，不试试怎么知道自己行不行啊。

丁玲的新工作与文字无关，与宣传也无关，工作任务主要是负责部队的教育、人员、家属生活、给养、娱乐、接待等事务，说穿了，就是很纯粹的行政事务性工作。其实这些工作丁玲真的不喜欢，但是还要硬着头皮去做，好在中央警卫团就在毛泽东身边工作，遇到棘手的事，可以找毛泽东商量，依照丁玲的聪明，她很快就进入了角色。

延安时代，是一个创造神话的时代，一个女作家，几个月时间便成了像模像样的中央警卫团政治处副主任，丁玲自己也搞不懂，原来自己身上还有这样的潜力可以挖掘。

活泼、开朗、朴素、大方，那个时代的丁玲看上去完全是原汁原味的延安女干部：冬季，她穿一身臃肿的灰布棉制服，头发剪得短短的，本来就不算白皙的圆脸被黄土高原的劲风吹得很粗糙，这形象，和文小姐造型有了很大差距，倒像是一个如假包换的工农干部。

不过，这样的大姐大形象是很受大家欢迎的，说明她已经和大家打成一片了，特别是刚从国统区来延安的文化青年和大学生，都特别崇拜丁玲，喜欢找丁玲聊天，在生活和工作上遇到了困难，也愿意同她说说，让她帮着拿主意。

丁玲在延安不再寂寞了，她身边集合了一大群文化青年，她的住处，成了他们聚集的场所。

此时已是陕北的春季，春天的夜晚，不再像寒冬那样沉寂，延安街头依然还有人迹，丁玲的窑洞里灯光通明，远远地就能听到嬉闹声和说笑声。这一切被正在闲逛的毛泽东听见了，他很好奇，就悄悄走进丁玲的房间，发现里面是满满的一屋子人，看上去都是从国统区来的青年学生，这些人中的大多数目前都在抗大学习，有人见毛泽东进来了，便立即止住说笑，轻声说："主席好。"

丁玲没看到毛泽东挤进来，她还在那儿海侃呢，见大家都戛然而止不说话了，她不解地追问："嗯？怎么都不说话了？说呀说呀，你们不是都很能说吗？"

"呵呵，这里可真热闹啊。是啊，刚才你们不是都在说嘛，怎么都哑口无言了？"大家给毛泽东让开一条路，他说笑着挤到丁玲跟前。

丁玲惊诧地看着毛泽东，慌忙站起来说："主席您来啦。"

毛泽东用目光逡巡一下这些青春的带着稚气的面孔，忍不住笑了："丁玲，你这里是在举办沙龙还是俱乐部？"

"都不是，大家就是喜欢到这里来聊天。"

"依我看，这里有点像文化俱乐部，知识分子喜欢与你接近交朋友是件好事啊，应当支持才是。我看你还是习惯于接近知识分子，看来以后要给你找一件适合你做的工作才是。"

丁玲自从看到毛泽东进来，一直提心吊胆，唯恐他批评自己不务正业，他轻松的态度以及那一番半开玩笑的话，让她长吁一口气。

那天的活动，因为有了毛泽东的加入，聊天的话题明显比过去提高了水平和档次，毛泽东的理论水平以及逻辑思维水平，让所有的人无比佩服。平时他们经常是天马行空、漫无边际地瞎聊，但那个夜晚的聊天大家都感觉受益匪浅。

丁玲暗暗佩服毛泽东的水平，他的魅力和魄力体现在任何一件事情上。

那一年的七月七日，在延安是个很平静的夏日。

那天，卢沟桥发生了震惊中外的“七七事变”，全国抗日战争爆发了。

日寇的铁蹄下，中国再无宁静之日，延安也宁静不起来了，抗战成为工作的主旋律，这里的每个人都参与到抗日行列中，像丁玲这样的文人，也不甘落后，不能扛枪打仗，搞搞宣传还是没问题的，她主动请缨要到前方去。

毛泽东考虑到丁玲善于和知识分子打交道，这几个月让她和警卫团的工农战士混在一起，也真够难为她的，于是决定让丁玲和吴奚如等组成十八集团军西北战地服务团，这就是历史上著名的西战团，是当时全国文艺界奔赴抗日前线的第一个综合性文艺团体，政治部任命丁玲为团主任兼党支部书记。团中的成员们都是热血青年，八月十二日的成立大会上，丁玲身穿军装，打着裹腿，腰间的皮带系得紧紧的，干练潇洒，讲话干脆利落，不拖泥带水。经过了半年多的锻炼，女作家丁玲已经在延安这所大学校锻炼成了一个合格的女干部。

西战团从成立那天起，就充满蓬勃向上的朝气，毛泽东最欣赏有朝气的人，他对丁玲的嘱托是：“这个工作重要，对你很好，到前方可以接近军队，宣传党的政策，扩大党的影响。”

按照程序，一切准备工作紧锣密鼓地进行着，这是丁玲人生中的一件大事，也是中国抗战史上文化界的一件大事。

欢送西战团前往抗日前线的晚会是在八月十五日晚上举行的，晚会上，毛泽东代表党中央讲话，丁玲则代表西战团全体人员做答词。面对台下黑压压的人群，丁玲没想到自己居然说得那样有条不紊、从容镇定，她对着麦克风说：“我们战地服务团的组织虽小，但是它好像小河流一样慢慢流入大河，聚汇着若干条河水，变成了一个洪流，我们誓死要打退日寇，如不达到此目的，决不回来与诸位见面。”

丁玲话音未落，毛泽东率先为她鼓掌。丁玲成长了，成熟了，在从上海刚来延安时，她身上还带着一身城市文人小姐的气质和小布尔乔维亚情调，这才多长时间，在延安红色文化的熏陶下，她已经脱胎换骨，完全变成了另外一个人。

这种变化是当时历史形势的大势所趋，在延安，在那个特殊的时代，如果不想被淘汰，被边缘化，就必须顺应潮流去变化。

丁玲真的变了很多，在出发前夕，她甚至扮上妆，走上简易舞台，在一个名叫《老爷》的小剧目中担任了主角。在台下看戏的毛泽东惊诧地看着台上那个满脸油彩，既熟悉又陌生的女子，问身边的人：“戏台上那个人我怎么看着像丁玲?”

别人告诉他：“这个人就是丁玲。”

毛泽东呵呵大笑：“丁玲也上台演戏，演得不错嘛，我读过她的文章，是有点名士气派，演的戏也有些味道。”

第七章　每一场相遇都是缘分

人的一生中有许多这样或那样的际遇，会遇到许多事，许多人。有的擦肩而过，有的结下一世仇怨，然而，在熙熙攘攘的尘世之中，还是会有一个人，来到身边后就再也不会离开。他不会计较你的容貌、年龄，或是身份，他只是单纯地喜欢你。对于丁玲来说，陈明就是这样的一种存在。

那个叫陈明的男孩

文学、爱情、政治是丁玲一生的三个主题。

走进“西北战地服务团”，丁玲与政治走得更近了，这次担任西战团主任，让她深入一线体验生活，为她的创作积累了素材，在西战团最重要的收获是她结识了陈明，收获了她生命中又一次爱情。

陈明最初在丁玲眼里不过就是个青涩的小男孩，他比丁玲小 13 岁，是个英俊清秀的帅气男生，那年刚刚 20 岁，到延安之前，还是上海麦伦中学的一名学生。

在上海麦伦中学读书的时候，阳光男孩还不叫陈明，他的名字是陈芝祥。这个名叫陈芝祥的中学生，是上海市学生救国联合会里的积极分子，像所有的进步青年学生一样，延安是他们心目中的圣地，能到延安去是他们梦寐以求的浪漫理想，一九三七年四月底，这个梦想终于成为现实，他和学联几个青年学生悄悄告别上海，踏上去延安的行程。为了安全，出发前他化名“陈明”，没想到，后来，这个化名成了他的名字，他真正的名字却没有几个人知道。

五月四日，陈明几经辗转，终于来到他向往已久的延安。延河水，宝塔山，在他眼里，这里的一切都这样神圣，那黄土地上升起的太阳也仿佛比大上海火红一些、明亮一些。

陈明被分到了延安抗日军政大学学习，在抗大，他属于活跃分子，喜欢唱歌演话剧。六月八日，为纪念苏联作家高尔基逝世一周年，抗大举办了纪念会，陈明所在的抗大四队演出了由高尔基的小说《母亲》改编的小独幕剧，陈明出演了母亲的儿子伯惠尔。

那天，丁玲就在台下看演出。

她很欣赏那个英俊男孩扮演的伯惠尔，当时，只是欣赏而已，她并不知道那个男孩叫什么名字。

延安文艺协会要成立西北战地服务团的时候，需要各方面的文艺人才，丁玲忽然想起那个夜晚看过的小独幕剧，就想把剧组的主要演员留下来，成立一个宣传队。时任中宣部副部长秘书的朱光去找陈明谈这件事，并告诉他，西战团成立后，他将担任宣传股长。

既然是革命工作的需要，陈明毫不犹豫地答应了。

在八月十二日的西战团成立大会上，陈明第一次见到丁玲，在他眼里，她完全是一个领导和大姐的形象，像所有的延安女战士一样，一身灰布军装、一头短发，按照一个青涩少年的审美标准，此时的丁玲主任容颜算不上出众，女作家的锋芒在这座革命大熔炉中已经熔炼得没了表面上的棱角，所以，陈明对这个女干部没有产生什么特别的印象。

那时候，他们只是上下级关系，丁玲是西战团的主任，陈明是宣传股长。

初秋，西战团从延安出发，他们的第一个目的地是山西抗日前线。此时距离丁玲离开上海的日子还不到一年，但在这短短的时间里，丁玲飞速成长着，从上海的亭子间，到延安的革命根据地，再到抗战的第一线，她收获了许多，就像她后来在《〈陕北风光〉校后记所感》中说的那样："我觉得我完全是从无知到有些明白，从感情冲动到沉静，从不稳到安定，从脆弱到刚强，从沉重到轻松。"

她已经找到了自己的事业，只是，还没有找到新的爱情。

西战团的成员们徒步行进，靠着两条腿，从延安出发，渡过黄河来到山西。毛泽东默默关注丁玲领导的这支文化宣传队，当西战团还没出发，他就给八路军驻晋办事处处长彭雪枫发去电报，告诉他西战团什么时候过黄河，以及计划到达的地方的时间节点，让山西的八路军沿途配合好丁玲的工作，并搞好接待。这些，丁玲出发的时候并不知道。

这支队伍走遍了山西的十六个市县的六十多个村庄，用他们的脚步辗转三千多里，这是另一种意义上的文化长征，他们用文化的力量播撒抗日火种。

行军、搭舞台、拆舞台，他们每天不断重复着这些程序。

丁玲也和团里的年轻人一起做最基本的一线工作，她没有领导的架子，骨子里她是一个女作家，真正的女作家是不会摆架子的。人们尊敬她，不仅仅因为她是著名作家，也不仅仅因为她是团里的领导，最重要的是，她平易近人，是和他们一样在民族生死存亡的紧要关头勇敢抗日的战士。

她觉得自己和团里的姑娘小伙儿一样，也是青春勃发的年轻人。她33岁，这个年龄的女子容颜上还不老，思想上却开始走向成熟，正是最有魅力的好年华。

宣传股股长陈明是个很能干的小伙子，他热情，有活力，上中学的时候有做学联工作的基础，知道怎么做群众工作，所以，在西战团便成为了丁玲的得力助手，帮助丁玲做了不少工作，丁玲平时在工作上很器重他，也很依赖他。

工作关系的紧密，往往会让人忽略年龄的距离，丁玲和陈明的关系就是这样，后来，丁玲经常会忘记，和自己一起工作的这个男孩，其实年龄比自己小了一轮还要多。

两个人走得很近，虽然是一男一女，因为年龄上差了那么多，陈明从来没有往男女关系方面想过，丁玲对这个小弟弟爱护有加，也没有想到他们之间会日久生情，彼此之间产生火花。

她真的很忙碌，忙的有时候都忘记了自己曾经是一个爱美的美女作家。从那一年被国民党军统特务抓捕入狱，到现在，已经好几年时间了，她几乎没有用过化妆品，几乎没有认真打扮过自己，到了陕西后，最基本的装束便是一身灰布军装，每天风尘仆仆的，大口喝酒、大嗓门说话，连笑的时候都是开怀大笑，小资情调的女人味从她的外形上根本找不见了。

直到一九三八年春天，西战团来到临汾，丁玲遇上另一位著名女作家萧红，她才骤然感觉到，自己和文艺女青年相比，已经有了质的差别。虽是寒冷的冬季，萧红依然穿着一袭黑色长裙，颈上围一条精致的丝质白色围巾，足上是漂亮的黑漆方口皮鞋，看上去温婉典雅，楚楚动人，和散披着军大衣，穿着粗布军裤，粗犷豪放的丁玲形成强烈对比。其实从两个人的外貌上看，丁玲本来长得比萧红漂亮，她的年龄也比萧红大不了几岁，可是，那时的丁玲却像是一个饱经沧桑的老大姐。

丁玲见到萧红的第一眼，心里就被这个女子的装扮狠狠刺痛了一下，但是，她心理上很快便平衡了，她是延安文人，延安的新式女性作家就应该是她这个样子。

一个女人在男人心目中有没有魅力，审美标准因了时代特色的不同，魅力的标准也不同。丁玲甘愿把自己的形象折腾成邋遢的粗放型，在一些男人眼里，那也是很前卫的时尚和个性，第一次见到丁玲的作家萧军，被她的这种非一般魅力所震撼，他爱过的萧红，他爱过的那些女人们，没有一个是这种类型的。所以，他对端木蕻良和萧红开了一个无可挽回的玩笑，他用半调侃的口吻对他们两个说：你们俩结婚吧，我要和丁玲结婚。

这其实只是一厢情愿的单恋，甚至连单恋都不算，只是一个男人对一个女人的好感，这句话让萧红很生气，无形中加速了她和萧军婚姻崩溃的速度。

丁玲和萧红的生命中注定只有两个月的交集，她们谁都没有影响到谁，谁都没有加入到谁的朋友圈。在西安的一个美好春夜，萧红离开西安，告别丁玲和她曾经深爱过的萧军，带着她和端木蕻良的爱情返回武汉，重新找回过去的生活模式。

萧红在西战团寻找到了新的爱情，她是带着一份看不出前途究竟如何的爱情离去的。

丁玲隐隐感觉自己也捕捉到了爱情的气息，她的恋爱对象，就是小了她 13 岁的陈明。

她对陈明的感情真的与众不同，这一点，许多人都看出来了。

从临汾到潼关，转乘火车去西安，在人潮涌动的潼关火车站，陈明犯了胃病，痛得直不起腰，寸步难行。然而，他们将要乘坐的列车到站了，紧急关头，丁玲背起陈明飞快奔跑，冲向蓝皮二等车厢。她是冲过去的，不顾一切往前冲。若干年后已经成为丁玲丈夫的陈明回忆起那天的情景，深情地说：到西安之前的一段时间，我感到丁玲对我特别好……超出了一般同志间的关爱。

他们之间不同于一般人的亲密，引起一片非议声。

领导干部和部下关系暧昧，本来就不是件正常事，年岁大的领导干部和年轻部下关系暧昧更显得不正常，何况是年龄大的女领导和年轻的男下属呢？很快便有了各种版本的小道消息，延安的领导那边也听到了这种消息，当时让她回去述职，她和陈明的关系也是述职内容之一。

从丁玲对待陈明的感情问题上，她依然保持着女作家的性情，她内心苦恼，却无人可述说这件事。那时候，萧红还没有离开西战团，在即将去延安述职的前夜，丁玲从西战团演出现场的观众席上，把萧红悄悄叫出来，对她述说自己的烦恼，让她替自己拿拿主意，此时，只有文化女性之间才能互相理解这种另类的感情。

两个女作家之间那样的交心并不多，不知道萧红帮她出了些什么主意，应当是鼓励她为了爱情不要动摇，她们都是视爱情如生命的女子。

那个时段，萧红决定把自己的爱情交给大家都不看好的端木蕻良，丁玲决定把爱情交给大家更不看好的陈明。

端木蕻良和陈明在婚恋上都是没有经验的小男生，两桩姐弟恋，两个爱情传奇，虽然最终的结局不一样，但两个女作家对待爱情的态度却出奇的一致。

在爱情上，她们是两个冒险家。

我们两个行不行

33 岁的大龄女爱上 20 岁的小男生，这样的姐弟恋即使在今天看来，也是很难被社会接受的。在中国传统观念中，男人在婚恋关系中要占主导地位，要对女性有控制欲，姐弟恋直接挑战了这一传统的婚恋关系。

起初，陈明对这种感情还是很抗拒的，他还从来没有谈过恋爱，他心目中的爱情不是这样的，至少，他梦想中的恋爱对象不会是这样一位看上去像个老阿姨的女子。他躲躲闪闪，想在这种躲闪中，让丁玲忽略自己的存在，他盼望着丁玲快快找到一个合适的男人，祈祷她快些把自己嫁出去。

工作上的关系是躲不掉的，即使陈明刻意和丁玲保持距离，一个是西战团主任，一个是宣传股长，而他们的中心工作主要就是搞宣传，这距离又能拉开多远?

安排完工作，食堂没饭是经常的事，赶上没饭的时候，他们就到街边的小饭馆随便吃点什么填饱肚子。

那天上午又赶上食堂没饭了，日头早已经过了晌午，他们一起走进一家常去的小饭馆。

他们走在一起，背后便会有一些目光像锋芒一样斜刺在他们后背上，丁玲是不在乎的，陈明有些在乎。

饭馆不大，条件很简陋，土炕上放张小饭桌，两个人一边一个坐在饭桌两边，等着伙计上饭。他们的午饭很简单，不过就是两碗热气腾腾的面条而已。

面条上来了，陈明已经饿坏了，捧着碗便吃，他隐隐感觉丁玲在看自己，便抬起头，透过氤氲的热气，他发现丁玲正含情脉脉地盯着自己看，这个女人的火辣目光让涉世不深的大男孩无所适从，他的脸腾地红了，轻声说：“主任，快吃吧，一会儿就凉了。”

“你吃吧，我就喜欢看你吃饭的样子。”

陈明不好意思地笑了笑：“我吃饭的样子有什么好看的？”

“我喜欢你吃饭的时候憨憨的样子，呵呵，有你在我身边，我很开心。”

“我不能总在你身边啊，主任，依我看你也应该有个终身伴侣了。”

丁玲被陈明诚惶诚恐的样子逗笑了，她问陈明：“你看我们两个行不行啊？”

陈明慌忙摇头：“主任，这种玩笑可是开不得。”

丁玲大笑："谁跟你开玩笑啦，我是当真的。"

陈明被吓坏了，那顿饭他不知道自己是怎么吃完的，后来他一直低着头，不敢再看丁玲。

从小饭馆回到驻地，陈明的心里乱乱的，有一种说不出的燥。那个夜晚，细细回想这段日子里自己与丁玲的交往，如果作为领导，作为大姐，他都能接受，唯独不能接受他们成为情侣关系。是因为她太老吗？有一点，但不完全是，他并没有觉得她年龄多大。是因为她是名人？她对大家从来不摆名人的架子，不是因为这个。是因为她官职比自己高？他自从来到延安，就没有把谁官大谁官小当成事。

到底因为什么，陈明说不清，也想不通，他还没有想过要和谁谈一场风花雪月的恋爱，丁玲的爱情便贸然撞了过来，把他安安静静的生活撞得一片动荡。

那夜，他在日记中写下这样一句话：让这种关系从此结束吧！

不知什么原因，这篇日记后来让丁玲看到了，她细细琢磨那几个字的意思，歪着头，眯着一双大眼睛，用根本不适合谈爱情的嗓门问陈明："我们才刚刚开始，干吗要结束呢？"

"我们还没有开始。"陈明更正道。

"你怎么知道我们还没有开始？你只是不愿意正视这个现

实罢了。我们的爱情刚刚开始就这样匆忙被扼杀，这样对待美好的爱情，是不是太不负责任啦?”

陈明低声说：“其实，我是觉得我们两个不合适?”

“有什么不合适?”

“我觉得你的经历比我复杂，过去的生活道路不一样，将来能不能搞到一起，我没有把握。”

丁玲大眼睛中那团炽热的火顿时熄灭了，她垂下眼帘，下意识地翻动着手中的一份文件：“你是不是嫌弃我曾经嫁过两个男人?”

陈明慌忙辩解：“不是，不是，跟这个没关系。”

丁玲如释重负，眉宇间露出一丝小女孩般的娇羞笑意，看上去与在台上讲话的那个丁玲主任完全不同。陈明有些后悔刚才自己的言语给她带来的伤害，不管怎么说，自己是个男人，一个男人怎好随便伤害一个爱自己的女人呢，不管这个女人年长还是年少，终究是个女人。

让他不明白的是，西战团那么多单身男同志，她为什么偏偏喜欢自己，于是他问丁玲：“你为什么爱我?”

“爱一个人是说不清为什么的，我就是喜欢和你在一起，和你在一起，我觉得自己变得年轻了!”

丁玲坦诚回答，不带一丝矫情。

他们之间的关系就这样暧昧地保持着，丁玲从延安述职回来，一点也没影响他们之间的交往。

丁玲的生活中已经好几年与爱情无缘了，她的每一段爱情都带着深深的伤痛，不是伤在这里，就是伤在那里，但不论遇上怎样的伤痛，都没能阻止她寻找新爱情的脚步。爱情是她生命的一部分，她不能没有爱情。

这性情是长在骨子里的，不会因为她到了延安便被抹杀。这样的性情女子是革命队伍中的另类，她说萧红自然直率，少于世故，不会隐藏自己，她自己比萧红也强不了多少。当她投入到与陈明的姐弟恋中的时候，她的爱情是疯狂的，一目了然的，连傻子都能看出来，丁玲恋上了比自己小 13 岁的陈明。每次团里给大家发战利品和慰问品，丁玲的那一份都悄悄送给陈明。丁玲的津贴很大一部分是用在陈明身上的，陈明的旧鞋穿得差不多的时候，丁玲便会适时替他买回一双合脚的新鞋。这些看似秘密的细节，其实瞒不过众人的眼睛。

西战团茶余饭后有了饶有趣味的话题，那段时间，只要团里的队员们聚到一起，用眼角扫到丁玲和陈明不在现场，便开始说起团里这件新鲜事："听说了吗？咱们丁玲主任和陈明好上了。"

这段情事丰富了新战团的业余生活，人们觉得他们两个人不可思议，无论是资历，还是年龄，都太不般配了，丁玲不该下嫁给这样一个资历平平的小男孩，陈明也不该找一个比自己大出十几岁的老阿姨。

沸沸扬扬的议论声，有一些有意无意传到了他们的耳朵里。

丁玲是不在乎的，她从来就是只重爱情不重其他的人，门第、年龄、容貌在她那里都不是问题，甚至，只要她爱那个人，那个人是不是如她一般深深爱着自己，对她来讲都不成问题，她从小到大就是在议论声中长大的，几句闲言碎语对她算不了什么。

陈明则不一样，他从中学来到队伍上，还没有真正经过风雨、见过世面，听到一些非议声，他骤生心理压力。

西战团外出十个月，一九三八年七月奉中央指示返回延安。

回到延安后，丁玲和陈明都进入刚刚创办不久的延安马列学院学习，在一九三八年的夏天，关于丁玲和陈明姐弟恋的传闻有无数个版本，丁玲问陈明：“你听到关于我们的那些传闻了吗?”

陈明点点头，情绪并不高。

他那点情绪变化瞒不过写小说出身的丁玲，她给他打气：

“随他们说去，让他们说上几年，还能说几十年？”

陈明嘴角牵出一丝苦笑，几十年是什么概念，他不知道，他只有 21 岁，如果以后漫长的几十年都要在别人的指指点点中度过，想来也不是件很容易的事。

随后，与他年龄不相上下的朋友们悄悄问他：“你真的要娶她做媳妇，不嫌她老？”

陈明不置可否，他不知道，不知道自己和这个女人的关系最终会走到什么地步。

“现在背后大家都笑话你是‘小丈夫’呢，你还是早点对这段感情做个了断。”

“怎样了断？”

“最好的办法就是你调离西战团，斩断她的情丝。”

陈明感觉朋友的这个主意虽然不错，但是他舍不得离开西战团，而留下的话，这棘手的感情纠葛又搞得他吃不香睡不好。他陷入左右为难中。

心情不舒畅的时候，陈明就想找个好朋友聊聊天、说说心里话，他最好的朋友是在陕甘宁边区民众剧团当团长的大胡子诗人柯仲平。柯仲平也是从上海来到延安的，之前是上海工人纠察队总部秘书、联合会纠察部秘书，过去，他和陈明就认识。

柯仲平是个直肠子，一看陈明垂头丧气的，就知道他为什么事烦心，于是，柯仲平开门见山地说："是因为你和丁玲的事心烦吧。"

"你帮我出出主意吧。"

陈明无助且信任的目光让柯仲平觉得自己肩负重任，他认真地对陈明说："如果你们真的结婚，我怀疑你们能不能白头偕老?"

"为什么?"

"就因为你们两个不合适。"

陈明若有所思地点点头，他信柯仲平的话，老柯已经三十四五岁了，走过很多地方，见多识广，不像他一个小孩，没见过什么世面。

他结婚了，新娘不是她

带领西战团重新回到延安，丁玲发现，这里和她离开的时候相比，有了很大变化。

延安来了很多新人，也有一些人离开了。

从延安马列学院学习结束，丁玲的职务改任为陕甘宁边区文艺协会副主任，《解放日报》文艺副刊主编，又干回自己的老本行。从中央警卫团政治部副主任，到西战团主任，再到《解放日报》文艺副刊主编，从行政职务上，这个副刊主编与前面两个相比，在某些人看来，含金量差远了。丁玲不在乎这些，经过了两年的摸爬滚打，她发现，自己还是更适合文字工作。

这一次陈明与丁玲不在一个单位工作了，他被调到陕甘宁边区留守兵团政治部烽火剧社任社长。

生活相对安定一些了，丁玲能腾出空闲和心情想念远在湖南的一双儿女了，母亲年岁越来越大，抚养外孙蒋祖林和外孙女蒋祖慧已经有些力不从心了，丁玲决定把一双儿女接到延安来。

一九三九年暑假后，一双分别几年的儿女由表舅带领着从湖南常德辗转来到延安，被安排住到延安城内中央招待所——西北旅社。

蒋祖林和蒋祖慧对他们居住的窑洞感觉很新奇，在窑洞内外跑来跑去。丁玲风风火火赶到孩子们居住的地方，用湘西地方话喊着他们的名字，两个孩子一惊，怔怔地望着这个陌生的女人。

丁玲笑着走到他们跟前，把他们搂在怀里：“我是妈妈啊，叫妈妈啊。”

蒋祖林和蒋祖慧仰脸看着这个自称是妈妈的人，原来他们梦里都在想念的妈妈就是这个样子。

丁玲把女儿蒋祖慧送到托儿所，蒋祖林已经 9 岁了，显然不能进托儿所了，这个孩子性格有些内向，因为从小没有父亲，天天和外婆、妹妹在一起，没有男孩子的阳刚气，性格也不活跃，丁玲觉得应当把他放到男同志多且活跃的地方去锻炼一下。想到陈明已经去烽火剧社，那里不缺男同胞，而且环境算是延安最活跃的了，于是和陈明商量，能不能把祖林带到剧社去，和他一起生活一段时间。

陈明看到那个十来岁的男孩，起初是犹豫的，其实他自己不过二十挂零，比这个孩子大不了多少岁，但看着丁玲期望的眼神，陈明没有拒绝。那就试试吧，自己又没有带过孩子，究竟行不行还得试试看。

蒋祖林先是和陈明住一个房间，后来陈明工作忙，顾不上他，便把他编进烽火剧社一个小学员多的班里，他成为了剧社的一员，和别的孩子一样过上了部队生活。

现在这关系更加复杂了，陈明不但和丁玲关系暧昧，还照顾着丁玲的孩子，关于他们桃色新闻的传说就更丰富多彩了，陈明经常会被那些风言风语搞得很尴尬，他怕伤害到蒋祖林纯洁的童心，便开始慢慢疏远和丁玲的关系。

自从和丁玲之间的关系剪不断理还乱，这两年陈明仿佛一下子长大了许多，过去那个阳光少年不见了，换算成了一个整天心事重重、不善言辞的沉郁青年。在烽火剧社，他心情不舒畅，一个人发呆的时候，总会有一双温柔的手给他递上一杯热茶，或者发出一声温暖的问候：“队长，你又一个人发呆，有什么心事能跟我说说吗?”

这个声音柔柔的女子叫席萍，是烽火剧社的一个女团员，从鲁艺分配过来的。席萍是江苏吴县人，生在太湖之畔的鱼米之乡，有江南女孩特有的温柔和秀美。席萍很小的时候就跟随父母到上海，7 岁父母双亡，她被上海龙华孤儿院收容，小学毕业后被慈善部门送到了北平香山慈幼院女生部读初中，之后以优异成绩考入北平幼稚师范学校，在中共地下党组织的引导下，她积极参加“一二·九”学生运动，并加入共青团。

她的经历几乎与陈明相同，也是因为政治身份暴露，于一九三七年步行来到延安。但与陈明不同的是，她一路上没有同行伙伴，而是独自穿过重重关卡来到陕甘宁边区，后来在抗日军政大学学习了一段时间，最终考上了鲁迅艺术学院。她从小喜欢音乐，考入鲁迅艺术学院学习音乐，圆了她多年的梦想。在鲁艺，她最难忘、最值得骄傲的事，就是她曾经被选中参加过冼星海组织指挥的《黄河大合唱》演出，那是一辈子的荣耀。

因为从小就是孤儿，席萍属于那种向暖型的女孩，她渴望亲情，渴望任何一种温暖的感情。在烽火剧社，从第一眼看到陈明，她就觉得自己和他很亲近，也许是因为他们相同的人生境遇，也许是因为他们都是剧社里的知识分子，因为惺惺相惜，情感上更近一些。她早就听说过关于陈明和丁玲的那些传说，席萍并没有想插足陈明和丁玲的感情，她只是以自己的方式默默关心着这个自己暗恋的男子，她喜欢他，非常喜欢他，仅此而已。

陈明敏感地感觉到席萍对自己有着深深的好感，她对自己体贴入微，她的体贴与丁玲不一样，丁玲的体贴是粗线条的，席萍的体贴则细致入微，就像当初无法拒绝丁玲的爱一样，陈明也抵挡不住席萍的爱情攻势，她从来不告诉他"我爱你"，但只是静静的一个眼神、一句温馨的话语、一件让人感动的平凡小事，都让陈明感受到她一直就在他身边。他有烦心事的时候，第一个想到要倾诉的人，便是席萍。

渐渐地，陈明感情的天平向席萍这边倾斜了，他是有意让自己这样做。和丁玲谈恋爱，从丁玲对他有了感情的那天起，他就一直生活在风风雨雨中，背后永远有人在说三道四。和席萍在一起，却轻松多了，即使有人开他们的玩笑也是善意的。陈明觉得，自己离开丁玲，是为了自己，也是为了丁玲，这两年他们因为这段爱情实在太累了，该松开手歇歇了。

剧团里的人们都看出来了，陈明和席萍的关系不一般。

一九四〇年秋天，陈明带着剧团到陇东庆阳驻地部队慰问演出，剧团的人们起哄说，你们在这里举办婚礼得了，咱们请驻地首长耿飚、王维舟证婚。

有好事者没等他们点头首肯，就去请首长了。耿飚、王维舟闻讯对他们说："好啊，你们就在这儿结婚吧。"

在一个陌生的地方，两个年轻人匆匆举办了一场简易的婚礼，这是真正意义上的闪婚。

秋后，他们的剧团回到延安时，陈明和席萍已经是一对小夫妻。

陈明和席萍结婚的事，丁玲还是从别人的嘴里听说的，乍一知道这个消息，她还以为自己听错了，怎么会呢？陈明结婚会不告诉她吗？他一直很尊敬自己，很在乎自己的啊，怎么说变心就变心呢？

陈明这决绝的选择让丁玲伤透了心，她几乎没听到过关于陈明和任何女孩子的闲言碎语，突然间，陈明结婚了，新娘不是她，而是另外一个她从来没听说过的女孩子。

她心中五味杂陈，无限酸楚涌上心头。

这两年，她把感情完全投入到了陈明身上，突然间，陈明抽身走了，她的情感傻傻地僵在那里无所适从。开始的几个夜晚，她总是在梦中哭醒，她无法接受这个现实，内心充满苦痛却又无法对别人言说，便狠命地抽烟、喝酒，用烟酒麻痹自己。

丁玲在延安的好友罗兰，经常到丁玲的住处串门，连续两次去都发现丁玲处在半醉状态，精神萎靡不振，和她平时见到的丁玲完全不一样。

一个单身女人宿舍，却充满烟气和酒气，罗兰一进屋就打开窗户。这已是秋后的夜晚，窗子一开，一股清冷的空气让丁玲清醒了许多。

“你最近为什么总这样作践自己，是不是因为陈明?”罗兰夺下丁玲手中的烟，帮她掐灭。

丁玲眼中充满泪水，却倔强地摇着头。

“为这个无情无义的人，你值得吗?”

“他不是无情无义，他是无奈。”

丁玲极力为陈明辩护，她爱他，她对每一个她爱过的男人都充满包容之心，不允许别人说他们不好。

罗兰叹息一声：“你还在替他说话，我去找他。”

丁玲想拦住罗兰，罗兰说：“你不用管，我又不是找他打仗，只是讲讲道理。”

陈明知道罗兰是丁玲的好朋友，她一来烽火剧社，他就知道她为什么来的，所以心里就有些不安。

罗兰质问陈明为什么辜负了丁玲，背着她和别的女人结婚。

陈明底气不足地为自己辩解："和丁玲结合我有压力，也有顾虑，最大的顾虑是她经历太丰富了，我觉得在这方面，我和她的差距太大!"

"你和她的差距从你们谈恋爱那天起就存在着，这根本不是你辜负她的理由。现在丁玲痛不欲生，把自己折腾得人不人鬼不鬼的，都是因为你!"

罗兰走了很久，陈明耳边还总响着她最后那句话：都是因为你!

丁玲觉得，现在这种情况下，蒋祖林再留在来烽火剧社已经不合适了，她把他送到了延安保育院学校。

蒋祖林一走，陈明感觉到了丁玲对自己的怨恨很深。

这样的结局不是他当初想要的，他以为虽然他们做不成恋人，还可以做好朋友，他发现自己的想法太天真了。

无法逃离的缘分

陈明和席萍结婚了，他们的生活却没有像当初设想的那样驶向幸福港湾。

丁玲因为失恋而痛苦不堪，这件事像阴影一样笼罩在陈明和席萍的新婚生活中。

延安毕竟还是太小了，而且他们都在文化圈里，许多朋友都是共同的，小日子刚刚平静一些，就会有人有意无意中提到丁玲，陈明的心中始终难以安静。

他发现，丁玲在他心中的位置是无人能替代，丁玲的影子也无法从心底抹去。偶尔，因为工作关系，他也会和丁玲见上一面，萍水相逢的一见，丁玲擦肩而过时投过来的幽怨伤感的眼神，让他心里非常不好受。这个时候，他感到无地自容，感到自己不应该轻易割舍掉他们的情感，感到自己和戏台上那些忘恩负义的薄情书生没什么区别。

他不像有些男人会隐藏自己，回到自己的小家中，他也会把这种情绪带回去，结果导致整个家庭的氛围都是灰沉沉的。

席萍是个聪明人，他不说，她也能看懂这是因为什么。

日子过不下去就分手，反正这只是他们两个人的事，很快席萍发现，这已经不仅仅是两个人的事情了，她怀孕了，肚子里已经有了他的孩子。

既然已经怀孕，就这样凑合着过下去吧，也许孩子一出生，一切都会好起来。

陈明没有因为席萍肚子的日渐隆起而变得心情快乐起来，他每天回到家依然阴郁着一张脸唉声叹气，结婚前的那点小情调、小和谐、小温馨现在荡然无存。在书桌上，席萍看到一份写了一半的请调报告，是陈明写给上级领导的，他称自己不适合在烽火剧社工作，请求回马列学院。

他离开烽火剧社是不是想离开自己？

席萍脑子里闪过这样一个念头，马上又觉得自己太敏感了。

那份报告递上去后，没有被批准，陈明的情绪明显更加低落了。

陈明和席萍的生活不快乐地过着。自从结了婚，自从知道丁玲因为自己的薄情而痛不欲生，陈明一直处在无限的自责和纠结中。过去和丁玲没有斩断情缘的时候，自己从来就不快乐，现在和别的女人结婚了，依然是不快乐。这两个女人，现在无论丢下哪一个陈明都会自责，舍去丁玲，他自责，舍去正怀着几个月身孕的席萍他依然自责。

多角爱情永远都是一道解不开的难题，受伤害的是涉入其中的每一个人，这痛苦的局面让他们三个人都难受。陈明的精神几近崩溃，他想出了一个令人瞠目结舌的决定：和席萍离婚，重新去找丁玲。

因为当他彻底和丁玲分手娶了别的女人后，才发现，自己根本就离不开丁玲，每一天，他的心中依然是丁玲的影子，他无法控制自己去思念丁玲，如果再不离婚，也许他会疯掉的。

所有的人都不解，席萍的肚子已经大到步履蹒跚，正在中央医院的病房里住着待产，这个时候提出离婚，是不是更加残忍。

陈明的思维方式和别人不一样，他想的是席萍比丁玲年轻许多、漂亮有才华，离婚后还会有好男人娶她，丁玲那个年岁找情投意合的男朋友就不是那么容易了，本着同情弱者的原则，他应当选择丁玲。

其实，此时在大家心目中，躺在病床上的席萍才是真正的弱者。

离婚这句话陈明不好直接对席萍说，就去找他在马列学院时的一个同学，那个同学是中央医院院长，正好席萍就住在那家医院。

院长一听这件事，也觉得很难开口，他问陈明："席萍看上去很优秀啊，你和她离婚的理由是什么?"

"其实，没有理由。"

“没有理由为什么和人家离婚，而且她马上要生孩子了。”

“如果对外非要说一个借口，我只能说她依赖性太强，我喜欢那种有独立思想的女性，因此我们感情不和，才离婚。”

“据我观察，席萍不是依赖性强的女性。”

“这不是强找理由吗?”

陈明苦笑着，看上去可怜兮兮的。院长拍拍他的肩膀，说能不能做通席萍的思想工作，他也不敢打包票，试试吧。

席萍听到陈明要离婚的消息时，离孩子出生已经没有几天了，她抚摸着高高隆起的肚子，没有在人前痛哭流涕。爱情走进沼泽地，她也无回天之力，在自己最需要丈夫的时候，在即将为陈明生产孩子的时候，他毅然决然地提出离婚，自己还有什么好留恋的呢？离吧，离吧，离了省的再忍受那种痛苦了，虽然另外一种痛苦在等着她。

多年之后，陈明忆起这段往事，觉得自己确实做得不对，他曾经自我检讨那时太年轻，不应该在她生孩子时提出离婚的要求。他内疚地说：“当时我的确没有办法解除三个人的痛苦，而与丁玲结合只是把痛苦都给了席萍，这对她是不公平的。对席萍，我始终怀有负疚的心情。”

和席萍彻底分手的时候，陈明和席萍的儿子已经在医院出生了，考虑到二十出头的年轻女子带小孩不好再成家，陈明曾经想把孩子留在自己身边，但席萍坚决拒绝了。丈夫没有了，她剩下的只有儿子了，她不能再失去这个儿子，无论未来的路多么艰难，她都要把这个孩子养大成人。

陈明如愿离开了烽火剧社，到创办不久的文协文化俱乐部当副主任。在烽火剧社一年多的时间，他仿佛经历了漫长的一个世纪，遇上了那么多人生大事。来到这里的时候他还是青涩的毛头小伙，离开这里的时候已经是结过婚，离过婚，还生有一个儿子的熟男。

就在陈明离开的同时，席萍也离开了烽火剧社。那里是她的伤心地，她不愿回到那里触及更多的伤心事，而且，一个单身女子带着一个几个月大的孩子，经常外出演出也不方便不现实，她调到中央医院做化验员工作，后来又嫁给了一个同在中央医院工作的医生，从此一生都没再回到文艺界。

离婚了，陈明又去找丁玲。

丁玲很尴尬地重新接纳了他的感情，他们的爱情经历如此曲折之后，在众人眼中就更加奇葩和不可思议了。如果当初在爱情上席萍算是插足了丁玲和陈明的感情，那么这一次，则是丁玲插足了席萍和陈明的婚姻，导致了婚姻解体，这性质，比席萍的插足更严重。

毕竟丁玲和陈明之间有着几年的感情基础，所以破碎的情感很快就修复好了，他们这一次彻底进入到如胶似漆的状态。丁玲已年近四十岁，但在爱情的滋养下像一个小女孩一样，享受着爱情的甜蜜。陈明恢复了每天去丁玲住处报到的老习惯，好事的人们在茶余饭后又有了调侃的话题。

那时，丁玲在《解放日报》文艺栏目担任主编，和陈企霞、黎辛在一个编辑室办公，他们三个人对坐成三角形。过去，丁玲早晨上班基本上很准时，在那个冬季，恢复了和陈明的关系后，她便会偶尔迟到一回。她一迟到，陈企霞就会悄悄对黎辛说些善意的玩笑话：看见没，她又迟到了，昨晚陈明肯定上她那儿去了。

这玩笑话说完不久，丁玲便会带着一股冷风走进他们的办公室，作为一个领导，总是迟到毕竟不好，她歉意地笑笑，从同事和朋友们的眼神中，她知道大家都在关心她和陈明的事，她也觉得，自己和陈明的事是该有个结果了。离春节已经很近了，她扳着指头算了算，心想要不这个春节就把婚事办了。

经过组织审批同意，春节年休假期里，丁玲和陈明把两个人的铺盖搬到延安蓝家坪一间窑洞中，这便是他们的新房。新婚的日子，没有婚礼、没有亲朋好友的贺喜和祝福、没有嬉嬉闹闹的婚宴。那是一九四二年二月，新房的窗外不时响起阵阵鞭炮声，那是陕西农村过年燃放的爆竹。38 岁的丁玲、25 岁的陈明经过了五年的爱情长跑，终于喜结良缘。这对历经痛苦波折的有缘人十指相扣，四目含情脉脉相对，他们没有说什么山盟海誓的誓言，却在以后的岁月中一起度过了五十年。

娶了一个思想活跃的女作家做妻子，陈明注定要陪伴丁玲一起经历各种意想不到的风风雨雨。

第八章　太阳照在桑干河上

他们都是桑干河畔的质朴农民，是走在土改最前沿的人。她和他们一起生活过、共同战斗过，她爱这群人，爱这段生活，因此，她要把他们真实地留在纸上。

美丽的桑干河畔

胡乔木曾经对丁玲说："你到工农兵中去吧！可以多写些通讯报道，多写些短文章。"

丁玲开始思考如何写好工农兵的问题，写工农兵，不深入到生活第一线，是写不出好作品的，重要的是要有深入生活的机会。

机会很快便来了，七月份，朱德约几位在延安的作家到总司令部所在地桃林去看电报，通过看电报让作家们了解生活，写出一批纪念抗战五周年的文章。

看电报、写文章，这样的事情丁玲还从来没有经历过，她很疑惑：这些算是深入生活？

朱德自有他的想法，他对几位风尘仆仆赶到那里的作家说：“这里不知有多少好材料，都是千真万确的事，请你们看吧，看了好写。”

丁玲不能再说别的，能让她到这里来，说明组织上对她信任，许多作家想来都来不成，她必须珍惜这次机会，不但要写，还要写好，写出精品之作。虽然不赞成作家从文字中摄取材料搞创作，但既来之则安之，她硬着头皮开始阅读那些堆积如山的电文。

这些电文有的就是一篇压缩的新闻报道，许多鲜活的素材都在里面。第一天读的时候，她半皱着眉头，到第二天，她已经主动拿出笔记本记录一些令她感动的英雄事迹。

那一次丁玲收获不小，她连续写了《十八个》《万队长》《二十把板斧》等文学作品。

这些作品发表后，在延安很受欢迎，她再接再厉，通过采访掌握第一手素材。她发现，那些从一线回来的将军们的肚子里都有许多故事，她尽量多和他们接触，把他们知道的好故事都挖出来。

在杨家岭，她去访问从前线归来的一二九师师长刘伯承，写出了《到前线去》。

在延安的窑洞里，她访问蔡树藩、杨秀峰、陈再道、陈赓、陈锡联，写成了《一二九师与晋冀鲁豫边区》。

在延安召开的边区合作会议上，她得到了感人的素材，回到家立即动笔，写出报告文学《田保霖》。

她作品里的时代气息越来越浓郁，《田保霖》刚登报，就受到中共领导人的表扬。她属于那种给点阳光就无限灿烂的人，这一次她决定来一次大的行动，真正深入到一线去参访，就像当年的“西战团”一样。

一九四五年初秋，她挑头组织了一支延安文艺通讯团，这支队伍中，有丁玲，有陈明，还有邵子南、杨朔、萧三等作家、诗人。中共中央办公厅批准了他们的请求。九月底，丁玲安顿好一双儿女，便带领这支由数十人组成的团队出发了。

文艺通讯团酝酿成立的时候，抗战进入尾声，到了他们出发的时候，抗战胜利了，他们是怀揣着满心的喜悦踏上征程的。这支队伍打着红旗、牵着小毛驴，从宝塔山下徒步向东进发，他们晓行夜宿，准备经晋绥解放区，借道张家口，最终到东北去。现在日本已经投降了，走在自家的国土上，到处都是血浓于水的兄弟姐妹，他们以为很快就会到达东北。

走着，走着，他们发现把问题想简单了。

一路上，到处是战争带来的满目疮痍，交通不时会中断。隆冬季节，文艺通讯团徒步行军两千余里走到晋察冀边区首府张家口，他们不得不停下来，前方的路不通了，只好在这里整装待发。

好几年没有到过城市了，那扑面而来的城市气息有一种既熟悉又陌生的味道。这里高楼林立，街上人们的装扮都很时尚，很久没有看过这样好看的时装了，很久没有住过这样宽敞明亮的房子了。张家口的冬天很冷，冷得滴水成冰。在延安的时候，丁玲觉得延安的冬天寒冷无比，到了张家口才知道，这里的冷才叫真的冷，零下二十几度的低温，寒风打在脸上像刀割般的疼，好在室内很暖和，许多讲究的女人在皮大衣里面穿薄呢裙子或者旗袍。

过去的晋察冀边区党政军领导机关在阜平，几个月前八路军收复张家口，便都迁到这里，张家口成为晋察冀边区的首府，这里号称“第二延安”。那年的春节很热闹很快乐，是许多年以来丁玲度过的最快乐的一个春节，这里的红色氛围像延安，但是脱去了延安的乡土气，丁玲的脸上绽放着花一般的笑容，陈明坐在窗前看漫天的烟花，忍不住问她："等革命胜利了，是不是所有的人都能过上这样的快乐春节?"

丁玲的脸被烟花映得红彤彤的，她自信地说："那当然，等革命胜利了，一定过得比这个还好。"

"这里的一切条件都比延安好，只可惜没有延安那么多报刊。"

"有我们在，办报刊还算问题吗？春节一过我们就动手办起来。"

有丁玲这些人在，办报刊真的不是问题，特别是春天，张家口作为共产党从日军手中解放的第一座省会城市，各方面的人才都来这里参加建设，其中便有很多文化工作者，边区群众剧社、挺进剧社、边区文联、文协、抗敌剧社、晋察冀日报社、华北联合大学都迁到这里。他们创办了大型刊物《北方文化》，丁玲担任编委，还创办了文艺丛刊《长城》，丁玲任主编。张家口这座城市的文化氛围顿时浓厚起来。

那一年的春夏季节，是丁玲人生的转运之季，张家口温暖的春天来了，丁玲人生的春天也来了，她当选为中华全国文艺协会张家口分会常务理事，还担任编辑出版部部长。

短篇小说《我在霞村的时候》、三幕七场话剧《望乡畔》就是那段时间创作的。

夏天，土改运动在解放区次第拉开序幕，丁玲参加了土改工作队。

这支土改工作队是去怀来、涿鹿一带进行土改。

察哈尔地区的初秋，明显比延安凉多了，秋庄稼快熟了，绿色的原野沐浴在秋阳下，那些隐在庄稼地里的野花在秋风中默默绽放着低调的美丽。

丁玲是喜欢繁华都市的，但在都市住上一段时间，她便开始怀恋乡村生活，或许，因为她的童年最初的时光是在湘西乡村度过的，骨子里有着浓浓的乡土情结。她一走进田园，一踏上辽阔的原野，立即像变了一个人，她欢快地急行，连陈明的脚步都跟不上她。

他们这一组一共四个人，除了丁玲和陈明，还有两个工作队员。离开张家口，他们翻山越岭走了很久，到处是连绵的丘陵，他们来到怀来、涿鹿的土地上，走过了辛庄和东八里等几个村子，他们觉得这几个村子都不适合做试点，他们想找一个更有典型性的地方。最后，涿鹿县地方政府帮他们推荐了逐鹿县桑干河畔一个叫温泉屯村的村庄。

出了涿鹿县城一直向东，按照向导的指引，那个温泉屯村在逐鹿东部的河边上。

现在，他们就行进在桑干河畔的秋色中，桑干河蜿蜒在一座山峦之北，这个地方应当是离那个村子不远了，这里的一切她都感觉新奇。

她是以土改工作队队员和作家的双重身份参加土地改革的，作为党的政工干部，她需要理性，作为文学艺术工作者，却又离不开感性，在这两种角色中不断转换着，丁玲把握得很到位。

一部史诗性的巨作

桑干河岸上，土改工作队的成员们集结完毕。放眼望去，在不远处坐落着一个依山傍水的村庄，这个村子北依桑干河，南偎轩辕黄帝陵寝地桥山，这就是此行他们要去的温泉屯。快到晌午了，女人们已经开始烧火做饭，勤快些的男人还在田中耕作，整个村庄上空炊烟袅袅。

工作队进入村子，这支队伍牵着驴、背着行装，惹来在街上玩耍的孩子们的驻足观看。这个村子具有古朴的文化气息，街道很宽敞，沿街矗立着参差不齐的各种品质的房子。据说早年间这里有一个旧城，城中有一个温泉宫，夏到秦代的帝王祭祀轩辕黄帝后，常到温泉宫沐浴。随着时间的流逝，那城那宫也随着传说变成了传说，城不在了，宫也不在了，只有一些“嘟嘟”冒着热气的温泉水眼，展示着这个村子的与众不同。

村中最有历史感和沧桑感的是十字街头的两棵树：一棵是老的不成样子的槐树，一棵是同样老态龙钟的榆树，槐树伸展着枝条紧紧环抱着榆树，榆树斜依在槐树的怀抱中，这两棵树叫做“槐抱榆”，号称爱情树。

一般这样的爱情合欢树都有一些美好的神话传说，传说中一般会有一段美好的爱情。

这两棵树的爱情传说是丁玲在村子里住下来后听说的，果然是一对青梅竹马的少男少女的悲情故事，如果不是有写土改工作的任务在身，丁玲说不定会好好挖掘这个故事的。

“槐抱榆”前面有一个像模像样的戏台，年节的时候村里来了唱戏的草台班子，就是在这个戏台上唱戏。前些年西战团在山西农村搞宣传，丁玲见识过无数这样的土戏台，所以一见到这物件便油然生出一种亲切感。

戏台子上现在是一群脏兮兮的孩子在爬上爬下，玩的正酣。

县里的同志已经提前通知了温泉屯村的武装委员会主任曹永明，说工作队很快就来这个村，让他提前做好准备。那时的武委会主任相当于现在的村支部书记。在戏台边，丁玲几人询问那些玩耍的孩子“曹永明家在哪里”，孩子一见丁玲便嬉笑着叫她“胖大奶”，与这里的女人们相比，丁玲这个样子就算是最胖的了，基本上没出过村的孩子们很少见到这么胖的女人，便都向她投来好奇的目光。不过，当“胖大奶”问曹永明家住在哪里时，立即有一帮孩子主动带路。

找到曹永明的家，他不在家，家人说在田里做活还没回家。

大家便按照村人的指引到不远处的田园去找。

已是晌午时分，一个看上去还很年轻的汉子正光着膀子在田中辛勤劳作，这个村子的田野里种植的不是玉米、大豆、高粱之类的农作物，而是葡萄，成片成片的葡萄连一起，那场景很美丽，曹永明干活的那片地里，是遍地的葡萄藤和葡萄架。架上挂着的串串葡萄是一种叫做白马奶葡萄的品种，这种葡萄过去曾经是宫廷贡品，在京城很有名。

闻听有人找，曹永明立即停下手中活计，笑呵呵地迎过来：“欢迎工作组的同志们。”

大家与他一一握手，丁玲走上前，主动和他打招呼：“你是老曹吧，我叫丁玲，是从延安来的，来咱们这儿搞土改工作。”

曹永明对这个从延安来的中年大姐恭恭敬敬地施礼，延安是他的心目中的圣地，他觉得延安来的这个胖大姐和蔼可亲，和别的工作组的干部不太一样，但具体哪儿不一样他又说不出来。他不知道，这位名叫丁玲的大姐是一位著名作家。

工作队进了村，首要的问题就是住下。

住到哪里呢？特别是丁玲，她还要整理采访到的各种素材，需要安静的住处。

这个村最安静、最好的房子就是地主李仲祥家，这个李仲祥算是地主里面比较善良的那一类，他家的房子很宽敞，是最合适的住处。不过，曹永明不想让丁玲住到那里去，那个时候温泉屯的形势不太平，日伪军被打跑了，土匪还在，村里的恶霸还在，他们有时候甚至会联合起来向新成立的革命地方政府寻衅滋事，工作组住在这个村子里随时都会遇到危险，何况丁玲是个女同志，身边的文弱书生陈明定然保证不了她的安全，倘若住到地主李仲祥家，惹来附近土匪和恶霸的偷袭，只怕太危险。

丁玲很自信地说："我不怕，就住到那里去。"

曹永明连忙摇头："那可不行，实在是不安全。"

丁玲明白曹永明的好意，不过，一般的土匪和恶霸都和地主有着千丝万缕的关系，李仲祥大约也不会例外，他们不会随便袭击地主的家，考虑到这些，丁玲对曹永明说："越是危险的地方越安全，我就住到你说的那个地主家吧。"

丁玲一行人住在地主家里，曹永明和他的温泉屯武装委员会并不放心。为了保卫他们的安全，曹永明组织了几个民兵给工作组看门护院做守卫，那几个民兵非常尽职尽责，不但晚上守在李仲祥家的大门口站岗放哨，白天工作组在村里做工作的时候，他们也陪在身边，有他们在，丁玲感觉特别踏实。

曹永明是靠得住的人，这一点从看到他的第一眼起，丁玲就默默认定了。在村里开展工作要靠村里的党员和积极分子，工作中和曹永明接触最多，丁玲对这个年轻村干部的家底很快就了解得差不多了。他是真正意义上的穷人，从小就是苦孩子，兄弟姐妹一大帮，全靠做苦工挣钱养家糊口，最终，一大帮兄妹有挖白土被砸死的，有在地主家被火活活烧死的，有无法忍受苦痛喝药死的，父母无法忍受失去儿女的巨大悲伤，在郁闷中也双双死去，剩下曹永明和年幼的弟弟。为了活命，曹永明夏秋到地主李仲祥家的葡萄园干活，其他时段则到处找零活干。

翻身，过好日子，是曹永明梦寐以求的理想，也是温泉屯人们的共同理想。

温泉屯穷人多，两百户人家穷人占到九成，两千多亩土地都在地主富农手中，穷人们忍受贫困的时间太久远了，已经穷的连胆量都没有了，丁玲和她的土改工作队友们到这里搞土改，他们大都远远观望着。他们有害怕的理由，如果土改完了，共产党走了，地主、恶霸、国民党的残余势力反攻倒算怎么办？

发动群众其实比想象中要难得多，贫雇农会、中农会、妇女会开了无数次，宣传党的土改政策的文件念了好多遍，收效并不是很大。

丁玲采用的却是另外一种办法，她挨家挨户地入户走访，到农户家的灶台边、炕头上、油灯下拉家常，和男女老少海聊，她这种宣传方式非常奏效，不但把土改政策传达下去了，自己也掌握了写作的第一手素材。

丁玲聊天的对象不仅仅限于穷人，也和地主富农聊，她就住在地主李仲祥家，和这家人聊天应当是比较方便的。

李仲祥这个地主的性格有些像丁玲的父亲蒋宝黔，念完高小回到家乡的时候，李仲祥名下有三百亩祖业，因为好赌，没几年就把家底挥霍的差不多了，好在还有一处看上去比较气派的老宅为他支撑着最后的一点门面。把他家的成分划成地主，还要到台上被批斗，李仲祥觉得冤枉，他说他没有剥削别人，平日里他每天都下地干活，遇上灾荒年他会拿出钱财资助穷人，搭粥棚施粥的事他没少做，他觉得只有坏人才应该挨斗，他深深认定自己不是坏人。

村民们也说李仲祥不是坏人，分配地主财物的时候把他们家的东西分掉，大家暗暗为他打抱不平。

但是，按照标尺衡量，李仲祥被划分为地主成分是有理有据的，那个秋天，在槐抱榆树前开展的批斗地主大会上，他每次都不可缺席，好在他人缘好，没怎么挨打，另外一些地主就没有他那么幸运了，不但挨骂，还经常被揍得鼻青眼肿的。

那些翻了身的农民现在扬眉吐气了，平日里哆哆嗦嗦地低眉顺眼，现在跑到台上大声叫骂。连地主家的孩子，那些昔日的少爷小姐们也积极参与到斗地主的行列中去，这世道真的变了。

土改工作组给温泉屯划出了四家大地主八户富农，温泉屯的土地财产分配到了穷人手中，那年的中秋节，家家户户分到了几大筐葡萄，不论丁玲走到谁家，都能吃上香甜的白马奶葡萄，那葡萄真的好甜，那香甜的味道，让她一辈子都记得。

离开温泉屯的时候，那部小说的大纲已经在丁玲脑子里形成了。

站在桑干河大堤的碎石路上，回望着温泉屯，丁玲对陈明说：小说已经基本上构成了，现在需要的是一张桌子、一沓纸、一支笔了。

她要把一个真实的温泉屯留在纸上，小说中那个张裕民便是温泉屯村的武装委员会主任曹永明。

从张家口的温泉屯来到了阜平县红土山，丁玲住在胭脂河畔的抬头湾村，在那里潜心写作以温泉屯的土地改革运动为背景的长篇小说《太阳照在桑干河上》。开始动笔的时候，已经是红土山的初冬，很久没有写长篇了，寒冷的日子长时间坐着写作，她的腰便有些经受不住考验了，只好让人把火炉砌高一些，她把腰贴在温暖的壁炉上坚持写下去。这篇小说的写作过程一直伴随着痛苦的腰痛，但她是一个坚强的女人，一个敬业的作家，腰痛与她挚爱的文学相比，真的算不了什么。

这部长篇一九四八年六月完成，一九四九年《太阳照在桑干河上》在东北局的大连光华书店出版。

在丁玲的文学创作生涯中，有几部里程碑式的作品，如果说她少女时代的第一部小说《梦珂》和《莎菲女士的日记》是第一个里程碑，那么《太阳照在桑干河上》就是第二个里程碑。

一边保持着作家的本性，一边把创作当作政治行动，能把二者的关系结合得如此巧妙，一般作家是做不到的，更是一般女作家做不到的。

新时代，新生活

新中国成立了，丁玲和她的战友们来到北京。

那一年，是一九四九年。

二十年前，她曾经独自闯荡到北京寻梦，在这里寻找到了她和胡也频的爱情，寻找到了她一生的蓝颜知己冯雪峰，那时候的丁玲还是个到处碰壁的青涩少女，还是个莎菲式的刚刚出道的青年女作家。二十年后，经历了无数人生的风风雨雨，她已经不再是当年那个丁玲。当年离开北平的时候，她是个美丽多情、怀揣无数梦想的美女作家，如今回来的是一个圆润微胖，穿着中规中矩列宁装，与政治贴得很近的知性女文人。体型变了，模样变了，只有那双大眼睛中的神采没有变，依然那么明亮，永远闪烁着迷人的执着的光。

她不仅仅是一名著名作家，还是一名文化官员。新中国的文化战线需要像丁玲这样经过浴血奋战、千锤百炼的人来支撑，来做新中国文化艺术的引领者。她当过中国作家协会副主席，当过中宣部文艺处处长，当过文联常委，还当过《文艺报》和《人民文学》主编，还当过中央文学研究所主任。

对当不当官，丁玲并没有多大兴趣，她感兴趣的是，现在有条件、有机会认真写一些自己想写的文学作品了。

此时，过去的许多老朋友都聚到了北京。沈从文一家也到北京了，因为许多年以来丁玲和沈从文经历了不同的人生道路，见识过不同的风景，他们已经完全是两类人了。解放前夕，沈从文在文学创作上受到左翼文化界的猛烈批判，从此封笔开始搞文物研究，新中国成立后，沈从文在中国历史博物馆和中国社会科学院历史研究所工作，重点是中国古代服饰研究。

丁玲和沈从文已经没有任何交集了。

另一位与丁玲一生有着千丝万缕联系的好朋友冯雪峰依然在上海，暂时没来北京，他是上海市文联副主席。

丁玲住进了东总布胡同二十二号，这里不是单纯的宿舍，共产党的队伍刚刚走进北京城，各个单位、各个团体只能临时指定办公地点和住处，这个大宅院当时是中国文联和中国文协的机关办公地，单位领导和那些从延安到西柏坡又到北京的红色作家们无处居住，暂时也住在这个院子里。

丁玲分到的是后楼二层的西南面，那座小楼古雅别致，整座楼朱漆金粉，清代的时候是皇亲国戚的住处。这里的豪华程度让这些从窑洞里走进京城的作家们也感觉眼前一炫：小楼的精致体现在每一个细节上，比如地面铺的是花纹优雅的花砖，让人不忍踩下去；楼梯上铺着柔软的地毯，比延安窑洞和西柏坡土炕上铺的棉褥子柔软多了；楼道里、卧室里、客厅里的墙上都装饰着彩色刻花玻璃。最重要的是，这里有自己的卫生间，卫生间里还供应热水，每天都可以洗澡。那个年代，如果谁家每天都能在自家的卫生间洗热水澡，那待遇和生活水平在全国都算是最高的。

虽然这里只是临时住处，但临时能住在这样奢华的环境中，丁玲很满足。这些年闹革命、打天下、舍夫抛子、坐穿牢底、南征北战，终于盼来了幸福安静的好日子，这生活真的来之不易，她很珍惜。

临时在这里住了一段时间，但丁玲住的并不踏实，一年多之后，她在文协宿舍有了自己正式的住所，王府井大街东侧的多福巷十六号。

那时候，颐和园里面的部分宅院分给中央的一些单位，这些地方其实就是度假避暑疗养的场所，云松巢划归了中国作家协会。作协分到这所大宅院，作家们可以在盛夏季节一边避暑一边搞创作。为了寻找幽静的地方写作，丁玲在夏日也会举家搬到城外的颐和园住上一阵子。

一九五一年夏天，丁玲拖家带口住进云松巢搞创作，母亲、丈夫、孩子都跟到这里来，这所宅院很宽敞，回廊幽僻、松竹环绕，奇峰怪石组成的假山屏嶂气象万千，这里远离颐和园对游人开放的景区，清幽的环境最适合作家写作。

星期天午后，毛泽东一家在罗瑞卿陪伴下到颐和园游玩，听说丁玲住在这里，还专程过来探望她。坐在前廊的藤椅上，他们吃着刚刚从附近瓜摊买回来的沙瓤西瓜，开心地聊着天。

这样开心的聊天场面似曾相识，当年，丁玲初到延安时，在延安的窑洞里，毛泽东和丁玲经常这样一聊就是半天，今非昨，如今已经成为新中国最高领袖的毛泽东还能亲自到她这里闲聊，足以看出他对这个老乡妹子的情谊不薄。

平常的日子，丁玲就住在多福巷。

多福巷是一个躲在繁华闹市中的低调而幽静的古老胡同，小小的四合院里，丁玲为自己开辟出一间书房，在这间书房里，她写下了许多歌颂新时代新生活的作品，五十年代初期她的作品基本上就是在这个书房中完成的。

那个时段，是丁玲一生中最安宁、最幸福、最快乐的好时光，有爱人厮守相伴，有儿女经常相见，那几年她的人生中好事连连，一九五二年，《太阳照在桑干河上》获苏联政府授予的斯大林文艺奖。

那一次获奖的除了丁玲的《太阳照在桑干河上》，还有周立波的长篇小说《暴风骤雨》、贺敬之和丁毅的歌剧《白毛女》。

作品获奖了，就要赴莫斯科领奖。周扬是团长，几位获奖作家在团长的带领下前往莫斯科，丁玲为了这次出国，特意把短发烫了卷，亲自到工艺美术服务部挑选衣料，由北京最好的裁坊师傅量体裁衣，制作了几件漂亮旗袍。年近五十的丁玲体型已经变得很胖，但是很讲究地打扮起来，依然有民国女人范儿。再配上一条图案雅致的丝巾，出现在领奖台上的丁玲让人眼前一亮，与平日里那个经常穿着一条西服裤子、一件毫无特点的旧灰色绒线衫的半老女人判若两人。

在莫斯科，丁玲出尽了风头，苏联作协的墙上挂着许多著名作家的画像，中国作家鲁迅、郭沫若、茅盾、丁玲的画像都被挂在墙上。

《太阳照在桑干河上》获得了国际大奖，被译成多种文字，丁玲因此还获得了五万卢布的奖金。这些钱她自己一点都没留，全部捐给了中华全国民主妇女联合会儿童福利部。

苏联作家协会送了她一箱装潢精美的书，是普希金、莱蒙托夫、屠格涅夫、托尔斯泰、果戈理、高尔基等俄国文学大师的著作，书是俄文版的，里面有精致的插图。丁玲回国后，中央文学研究所的学生去家里看她，她曾翻着这些书对这些年轻人说：“一个作家，如果一辈子能写出一本值得后人如此精装的书，也就不算白当作家了。”

中国作协的前身叫中国文协，一九五三年才改为中国作协，丁玲当选为中国作协副主席，那一年是她的知天命之年。

她觉得，50 岁对于一个女人是痛苦的年龄。

仿佛就在眨眼之间，就年过半百了，进入人生的秋天。她开始安于天命，不再浮躁、不再冲动、不再耽于幻想，她想把握好这个收获季节，趁着自己还不老，思维还敏捷，多写点作品。她给中共中央副秘书长胡乔木写信，说她不想再当官了，希望卸掉职务专心创作。

那年春夏之交，丁玲年过七旬的母亲突发疾病在京逝去，母亲的去世对她打击很大，她陷入无限悲伤之中，再加上自己身体本来就有病，腰痛的毛病经常发作，她决定辞去所有的行政工作专事创作。

丁玲去无锡住进梅园专心写她的长篇小说《在严寒的日子里》，她以为从此以后就可以这样专心地找一些安静的地方搞创作了。

一九五四年，动荡的政治运动开始了，丁玲哪一次都没有被落下，或许，她这一生注定不能远离政治，注定要一次次被卷入政治漩涡中，这是她无法挣脱的命运。

第九章　在严寒的日子里

她是一个与时代紧密结合在一起的文化女性和活动家。时代造就了她，也为她带来考验。她一生沉浮，时起时落，却始终保持着一颗温暖的心，面对荣耀，她从不沾沾自喜；面对严寒，她苦中作乐。她是平凡的池水，临照了夕阳，便成了金海。

突然消失的丁玲

一九五五年一开春，丁玲就开始了她离任后悠闲自在的生活。

在寒冷的早春二月，她离开京城南下湖南、湖北，回到久违的故乡湘西走了一圈，之后又到河北涿鹿县的温泉屯等几个村子去采访，而应安徽省文联副主席陈登科之邀，初夏又到黄山，在江南的梅雨中，写了《在严寒的日子里》的开头几章。

小说已经开了头，依照丁玲的性格，她想迅速写下去，但回到北京，她发现这里根本没有写作环境，在京城，每天都在不停地开会，许多时间都浪费在那上面了，顾不得正在生病住院的女儿蒋祖慧要康复出院，她便和陈明选择了无锡作为写作地点。在一个初夏的清晨，她出发了，准备用一个夏天完成十五万字。

到了无锡，他们先是住在交际处，游览了梅园。

夏日，这里不是赏梅的季节，景色却也是清新幽美、高雅古朴，老藤、古梅、新桂、奇石都还在，只是因了季节的不同，格调有所不同，郁郁葱葱的梅园掩映在绿色中，别是一番风情。

为了安心写作，两天后，丁玲和陈明住进太湖鼋头渚的江苏省疗养院的一幢独立小楼中。那座地处鼋头渚景区的疗养院闹中取静、环境舒适、景色优美。在这里住下来搞创作，丁玲文思顺畅，写的很顺利，一边修改前段时间完成的旧稿，一边重新抄写，没过多久就完成了两万多字。

此时正是江南的雨季，细雨蒙蒙，她喜欢这样的江南，喜欢江南的烟雨。只是这些年习惯了北方的干燥，在这样的季节里，还是感觉房间有些潮，她点了炉子把房间烤干一些，感觉更舒服。自从在领导岗位上退下来，日子过得闲散而舒心，虽然已经年过五旬，她的精神状态反而比前些年好得多，看上去人倒显得年轻了一些。

远在北京的中国作家协会突然给她来了电话，让她立即回京开会。

丁玲很奇怪，她已经很长时间不参加中国作家协会的会议和活动了，这次突然召她回去开会，她心里隐隐有一种不安，这种不安来自于这么多年政治斗争中积累的经验，前不久，批判“胡风反革命集团”的政治运动已经开始了，从整顿胡风那天起，丁玲就预感到有人不会放过她的，当时的文坛内部宗派很严重。有关胡风的情况，《人民日报》不断发布揪出胡风“反党集团”“反革命集团”的新进展，她早就有一种不祥之兆。事情到了这一地步，她已经无法明哲保身、装聋作哑，前几天象征性地写了一篇批判文章《敌人在哪里》，发表在《人民日报》上。

这次让她回京是继续批判胡风，还是因为别的什么?

她不敢多想，让陈明连夜给她买了车票，匆匆收拾行装，乘夜车踏上回京旅程。

回到北京，中国作家协会党组召开扩大会议，会上却不是批判胡风，而是对她进行批判。她的罪名是，工作时期在她所主持的单位搞独立王国，野心太大、权力欲望太强，并且她宣扬“一本书主义”，搞个人崇拜，最终的定性是她和当时的《文艺报》主编陈企霞搞“反党集团”，她是这个“反党集团”的头目。

这是她无论如何都始料不及的，虽然已经预感到事情会有些不妙，却没想到会糟糕成这个样子。十几年前的延安整风运动中，她以为她的一切问题都被查清楚了，政治上、历史上她都过得硬，没有整她的把柄了。没想到这一次，一切旧账都翻腾出来，不但把过去已经说得清的陈芝麻烂谷子全都抖搂出来，在这个基础上又增添了许多新的内容。这一次一开场，就比当年的延安整风更加严厉，她直接就被划到了党的对立面上。

“反党”，还有比这个帽子再沉重的吗？

丁玲最不能接受的就是她“反党”，她内心无比委屈，那天的中国作家协会党组扩大会议上，氛围严肃而热烈，一些人已经提前被安排好并做了充分准备，在会上踊跃对她进行揭发批判，尽管许多揭发和批判都是与事实不相符的。依照丁玲的性格，她定然要做申辩的，但是，那天的会议气氛容不得她为自己辩解。过后，她对儿子谈起这件事时，这样说：

当时会议的气氛是不容许我申辩的。有些问题，我作了说明和更正，但会议的领导人根本不听，不予理睬，在他们作结论性的发言时，仍旧按照不符事实的揭发作结论……

仿佛还在梦里，一夜之间自己就变成了“反党集团”的头目，丁玲自己还懵懵懂懂没搞清楚怎么回事，中国作协已经形成《关于丁玲、陈企霞进行反党小集团活动及对他们处理意见的报告》并呈报中宣部和中央。

这个报告是要在党组会研究通过的，尽管某些党组成员没有被通知参加这个会议，但是报告还是形成并上报了。

丁玲想不通这件事，她每天晚上都处于失眠状态，把自己这些年的所作所为认认真真理了一遍，自认为是无愧于党组织的。但是，这个报告中央批复了，向各文艺单位传达了，丁玲的反党问题已经是板上钉钉了。

丁玲不服，她向中宣部机关党委提出申诉，上级部门还是很负责任的，立即组织了一个调查小组对这件事进行调查。通过半年多的调查审核，丁玲的“反党”事实，主要问题都与实际不符，绝大部分不是事实，“反党集团”的结论不能成立。

一九五七年六月六日，在中国作协党组会议室，作协党组扩大会议开得异常热烈，会议的议题便是关于丁玲的“反党”定性问题，大家一致认为，既然没有反党的事实，定性为“反党”和“反党小集团”的结论便不能成立，当初就不该草率向中央写报告，作协主要领导应当总结经验教训。

丁玲觉得自己有盼头了，她天天都盼望着给自己平反，沉重的“反党集团”的帽子压得她喘不过气来。

此时，已经进入一九五七年夏天，全国性的反右派斗争已经开始了。

丁玲盼望已久的平反暂时搁置下来，而后彻底泡了汤。

还是那个会议室，还是那群人，只是那天的天气更炎热一些，那天是一九五七年七月十五日，作协党组扩大会议的议题还是关于丁玲。这一次，口风却完全变了，她以前向党组织的申诉，这一次被定性为“向党猖狂进攻”，她这一次不仅仅是“反党”，又增添了一顶右派的帽子。

从六月六日到八月六日，两个月时间里，中国作家协会党组陆续举行了十二次扩大会议。后来的会议范围扩大到有两百多人参加，连许多普通作家都参加了会议，议题就是揭发以丁玲为首的“反党小集团”的活动。

慢慢地，揭发来揭发去，“反党集团”的范围就逐渐开始扩大了，之后，和丁玲绑定在一起被打倒的人多了一个冯雪峰，就是那个丁玲曾经深爱过、一生不能释怀的男人冯雪峰。

丁玲和冯雪峰的罪名是“丁、冯反党集团”，当时的冯雪峰是中国作家协会副主席、《文艺报》主编、全国人民代表大会代表。

但凡和丁玲能扯上关系的人都在被打倒之列，上一次丁玲和陈企霞属于“反党小集团”，小集团中有两个人就够了，但是，这一次去掉了一个“小”字，这个集团就可以多装进几个人了，陈明作为丁玲的现任丈夫，自然不会逃脱，另外，李又然、艾青、罗烽、白朗、秦兆阳等，都成为这一集团的人，据说，之所以被收进这个团体，只因为他们曾经一同参加过一次宴会。

这样看来，和他们相比，冯雪峰不算是太冤枉的，毕竟他和丁玲的交情比他们那些人深多了，从青春时代在北平相识、相知、相恋到无缘而分手，两个人的情谊从来没断过。这一次，又一同被打为一个战壕的右派，这也是命中的缘分吗？

丁玲这一次不折不扣地被打倒了，连被她视为生命的党籍都被开除了，没有人再替她说话。

这是政治，这是运动，政治就是这样残酷无情，无论丁玲知道这一切后心中是怎样的怅然，她只能接受。

陈明也被打成了右派，开除了党籍，撤销行政级别。他当时在北京电影制片厂工作，作为文化部系统的右派，一九五八年春节被发配到黑龙江劳动。

陈明走了，到了遥远的北大荒，剩下丁玲一个人留在家中承受孤独寂寞和经常挨批斗的屈辱，没有人能安慰她的心。她怕一个人在家，她变得敏感、变得自卑，经常感觉自己抬不起头来，此时，她对所有的只要是在劳动中的人都饱含着羡慕，她渴望冲到人群里面去，不再忍受这种难熬的痛苦。

她想随陈明一起去北大荒劳动改造，但这个愿望实现起来居然也是那么难。经过了无数的周折，那年夏天，她终于获准去黑龙江密山进行劳动改造。

从此，丁玲消失了，消失在人们的视野中。

消失后的丁玲乘车北上去了遥远的北大荒，下放到黑龙江垦区开始了十二年的劳动改造，去的时候，她已经 54 岁。

普通女工 50 岁就到了退休的年龄，普通女干部 55 岁也该退休了，54 岁的丁玲却被送到那样一个艰苦的地方，被当作青壮劳力去辛苦劳作。

回望历史深处，她走进北大荒时已经略显臃肿苍老的背影，那情景令人无语哽咽。

在遥远的北大荒

火车在夜色中行进，车窗外黑沉沉的。

丁玲辗转来到密山县，她走出火车站的时候，天刚蒙蒙亮，密山县还在睡梦中。

六月的北大荒比北京凉爽许多，这里的一切都是完全陌生的，街上行人稀少，还没有开门的门店，早点铺子也没营业，只有车站旁边的一家卖豆腐脑的开着门，丁玲觉得有些饿了，买了碗豆腐脑蹲在地上吃了，先填饱肚子再说。

她和农垦局有关部门接上头，暂且被安顿在密山农垦局招待所住下。这个招待所原来是日本关东军的北大营，条件比较差，一个房间只有两张床铺，连桌椅都没有，但在当地这就算是比较好的旅馆了。里面住满了各种各样的旅客，拥挤不堪，孩子的吵闹声不绝于耳。她想立即到陈明那里去，还没成行，中宣部的急电就追来了，让她揭发中宣部的一位领导，也就是说又有人将被揪出来，面临和她一样的命运。揭发材料必须要写，像她目前这种身份是不能与中宣部抗争的，半趴在床上草草写了一篇材料，便按照农垦局的安排奔赴汤原农场。

陈明不在汤原农场，把她安排到那里去还是农垦部部长王震的意见，那个农场在铁道线上，交通比较方便些，而且离佳木斯近，条件相对好些，到了那里还可以分给丁玲和陈明一栋宿舍。

陈明便奉命从他正在劳改的那个农场来到密山农垦局招待所，然后和丁玲一同出发。

虽然只有半年没见，两个人四目相对时都感觉对方变化很大。

陈明黑了、瘦了，那个白皙清瘦、文质彬彬的文艺男，变得粗粝了许多。

丁玲苍老了，一头青丝添了许多白发，这段时间的痛苦煎熬深深刻在了脸上，那几道深深的皱纹是新添的吧。

两个人泪眼相对，相拥无语。无论以后的路多么难走，生活多么艰辛，只要两个人在一起，相依相持，总比一个人孤军作战好一些。

他们出发了，从密山到佳木斯，再从佳木斯到汤原农场。

汤原农场位于小兴安岭的脚下，七月初，正是青山绿水景色秀美的时节，这美景让丁玲落寞的心绪稍微好了一些。

来的路上，丁玲想过无数个自己在农场可能做的工种，无论如何也没想到，她会被分到畜牧队喂鸡。

喂鸡，她要面对的是一群鸡，一个中外驰名的女作家，在她创作力最强的时候，飞流直下沦为一线养鸡婆，这不是在体验生活，这是全盘沦陷，她必须无条件接受命运的安排，甚至，她的付出没有任何回报，连工资都不给她发。

农场给她的宿舍算不上一栋，就是在农场招待所里的一间二十多平方米的营房，这间房子里只有两张床，地上铺了一层灰尘和鸡粪，空气中弥漫着一股刺鼻的霉味，好在这间房子刚刚粉刷过，打扫一下还算整洁。不久，他们搬到了离养鸡场更近一些的地方，这一次的房子不过十三四平米，房子就在鸡舍旁边，在屋子里面都能闻到浓重的鸡舍的味道。房间内放了一张床、一张桌子、两把椅子和一个小柜子，就已经显得很拥挤了。桌子上永远摆放着一沓报纸和几本刊物，这是丁玲唯一的精神享受，平日里，她的工作就是到屋子旁边的鸡舍里去和鸡打交道。

第一次接触那些鸡，丁玲无所适从。正是最炎热的七月，汤原农场进入暑季，气温也很高，她的具体工作是在孵化室，孵化室必须保持一定温度。到鸡舍报到那天，天气闷热，鸡舍里的味道瞬间就让丁玲脑袋发蒙，但她只能忍着，不忍不行，这才刚刚开始，她必须在这个闷热且味道独特的地方好好改造自己，才有希望摘掉右派的帽子，这个因果关系，她已经想明白了。

北大荒与北京相隔千山万水，她必须隔一段时间就写一封信向作协党组汇报自己的改造情况。在养鸡场安定下来之后，她第一时间便在昏黄的灯下写了一封汇报信，告诉党组织：“我要极力在这生活的熔炉里彻底地改变自己，我相信我可以在这里得到改造。”

农场里来了个著名女作家，养鸡场附近的人们都悄悄过来参观这个右派作家长的什么模样，星期天休班的时候，便会有许多人到她工作的地方围观，无形中这里的鸡舍成了农场的景点。

丁玲对这些来参观自己的人，哭笑不得，她想：“我又没长三头六臂，有什么好看的?”

有一次，农场开现场会，会上许多人提出到养鸡场看看。主抓养鸡工作的场长说：养鸡场现在没什么好参观学习的，前些日子闹鸡瘟，鸡已经死的差不多了，还是别去了。

但是，大家却执意要去养鸡场。

那阵子养鸡场确实没有几只鸡了，但是养鸡的人还在。

大家名义上去看鸡，其实是去看人，没见过丁玲的人们都想看看这位“成分有问题”的著名女作家是不是长得奇形怪状的。他们从丁玲面前走过时的目光，让她觉得自己像是动物园的一只动物，被人参观来参观去的，她满脸尴尬，但只能赔着笑，不好发作。

那些人一走，丁玲便委屈地哭了起来，她一把鼻涕一把泪地说：“这哪是看鸡呀，纯粹是看人来了。鸡早就瘟死了，报告早就打上去了，为什么还要叫人来看?”

此时的丁玲确实没什么好看的，她和养鸡场的任何一个养鸡婆没什么区别。

你想象不出，那个浑身散发鸡屎味、衣衫沾满鸡粪的半老女人会是丁玲。她要按时打扫鸡舍，一口气就要工作一两个小时，夏日，汗水如雨滴落，从小到大，她从来也没有干过这样的脏活、累活。当年写《太阳照在桑干河上》的时候，她的腰病就犯过，现在旧疾复发，腰痛得经常直不起来。

最苦最累的还不是夏日，北大荒的冬季对于南方长大的丁玲才是真正的考验。刺骨的寒冷让她一生都难忘记那冰冷的记忆，清晨到了鸡舍，第一件事就是点炉子——为了让鸡暖和，为了让人暖和，也为了让菜暖和。如果没有炉火的温暖，她的手便僵硬得不听使唤，另外她每天要给鸡剁菜，冬天白菜帮子冻得硬邦邦，有了炉火的温暖，菜帮子也软和些，稍稍好剁一点。

那剁菜的刀很沉，有时候她觉得自己根本挥不动它。

那畜雏室的饲料布很脏，她必须用手在冰冷的水中把它们洗干净。

鸡舍地面的鸡粪冻得很硬，她用尽力气去铲还是铲不动。

高强度的劳动让她脑子有时候出现空白，暂且忘记自己曾经的角色、曾经的过去。把她下放到这个地方来，按照被批判时的说法，到北大荒是让她来赎罪的。她虽然从来都不认同自己犯了什么罪，却不得不赎罪，不得不按时向北京方面写思想汇报。

她把自己每天的劳动情况都如实写到了汇报材料中，她是作家，不用费劲不用刻意渲染就能把自己正在经历的一切写得绘声绘色。

汇报材料寄到中国作协党组，周扬派中国作协副秘书长张僖立即赶到北大荒，到丁玲劳动改造的汤原农场去看望她。

张僖去了丁玲的住处，去了丁玲的养鸡场。

他去的那天，丁玲正站在鸡舍的一个案板前剁菜，她吃力挥动手中沉重的菜刀，每天挥舞菜刀右手已经肿的老大，她用左手剁菜，居然也能继续工作。她的腿是浮肿的，一摁一个坑。

生活这么苦，劳动这样艰辛，丁玲天真烂漫的个性依然在，她在本来已经拥挤不堪的宿舍房间内种了两筐土豆当观赏植物，正是土豆开花的季节，美丽的土豆花盛开在房间的角落，显示出它不屈的生命力和顽强的美丽。

这就是丁玲，她表面上服软了，骨子里还是不变的丁玲，没人能改造她，也没人能改变她。

农场也觉得让丁玲养鸡有些大材小用了，便把她放到畜牧队的扫盲班担任扫盲教员。

这个工作不管怎么说总算是和文字沾上边了，而且比过去轻松多了。她对这项工作很尽职尽责，自编了一套课本，搞实物教学，把字写到各种日常用品和生产用具上，让人一目了然，很快就能学会。最重要的，丁玲是写小说的，会编故事，一边讲故事一边教课，人们爱听，连领导干部也来这里蹭课，畜牧队扫盲成绩突出，后来居然被评为扫盲先进单位。

她慢慢习惯了这里的生活，这里的人们也慢慢习惯了她，大家开始尊重她，她看电影有人替她占位子了，她买了一头猪有人主动愿意帮她养着。

但是，她最期盼的还是能尽快摘掉右派的帽子，尽早回到北京，重新拿起笔来，完成她写到一半的长篇小说《在严寒的日子里》。

但是，一切都遥遥无期，尽管许多人在悄悄为她努力，她摘帽回京的事却一再搁浅。

农场后来还是比较照顾她，把她和陈明都调到了条件相对好一些的宝泉岭农场，关系放在工会，不再安排固定工作，只是负责总部农场的家属工作。

孤寂的铁窗生活

农场的家属们都是一些很淳朴的女人，随着丈夫一起来到偏僻的北大荒，她们才不管什么右派不右派的，只要丁玲人好，她们就拿她当朋友。生活在这些女人们之间，她反倒很轻松，她们关心的都是家长里短的琐事，这些事情其实是人生中最无关紧要的，在丁玲看来，都是些很有趣的小节。

这些女人都很能干，她们不怕吃苦。按照计划，每周的一、三、五学习，二、四、六打扫卫生，她们学习的时候人很不在状态，但劳动的时候都很积极。一条又脏又臭的路，被这群女人们铲掉了脏兮兮的粪便，铺上沙土，变得宽敞洁净，成为整个农场最好的一条路。

冬季过去，短暂的一个春天之后，麦收开始了，家属们要跟着参加麦收，孩子们没人管成了大问题，丁玲提出办个农忙托儿所，她带领女人们把总务科拨给的那间破房子修饰一新，布置出一间漂漂亮亮的托儿所，把孩子们都收容进来。

那阵子的生活算是比较快乐的，丁玲和这些女人们成了好朋友，她后来写的《杜晚香》，女主人公的原型就是这其中的女人。

陈明摘了右派的帽子，他们可以回北京了。回北京也要接受监督，考虑之后，他们决定继续留在北大荒，与其在北京的风口浪尖上接受考验，还不如在这天高皇帝远的地方接受劳动改造，这里的人相对要淳朴得多。

事实上，在运动的漩涡中，任何地方都一样，“文化大革命”开始后，丁玲、陈明都被关进牛棚，丁玲挨斗的频率和强度都要高于陈明，那些红卫兵小将们的妈妈和丁玲是好朋友，在妈妈们的呵斥下，这些孩子对丁玲算是手下留情，但她依然没少参加批斗会，依然遭到过无数的毒打、辱骂和折磨。

在丁玲的照片中，就有一张“文革”期间丁玲在宝泉岭农场挨斗的场景。照片中，老年的丁玲穿着带大襟的衣衫，头发凌乱，头上缠着白布，脸上、衣襟上不知是墨迹还是血迹，她脖子上挂着一块大牌子，上书：大右派分子丁玲。她目光茫然无助地望着远方，表情中不是凄苦、不是悲伤，而是不屈的凛然。

后来，根据陈明的回忆，那件大襟褂子是蓝色的，她脸上不是血迹，也不是墨迹，而是被抹了灰，她头上戴的是高帽，她在游街，被要求站在板凳上喊口号。那时候的丁玲已经六十多岁，却还要在步入人生的黄昏之际承受这样的屈辱。

这张照片是陈明在农村工会大楼上偷拍的，他当时的位置正好能看到被批斗的丁玲，按动快门的一刹那，他记录下了那一个令后世感觉无限悲哀的历史瞬间。与少女时代美丽的丁玲的照片放在一起，与延安时代意气风发的丁玲照片放在一起，与莫斯科领取斯大林奖时优雅华美的丁玲照片放在一起，这张照片，让人心中顿时发出一声长长的叹息。

丁玲和陈明都被关起来，关进了所谓的牛棚，他们被关了整整一年。

那一年她已经六十多岁了，饱受迫害折磨，让她顿时又苍老了很多。同在牛棚中的陈明没有机会和她交流，他怕丁玲熬不过去，便在火柴盒上或者干苞米叶子上写一些鼓励的话，揉成皱巴巴的一个小团，乘看守人不注意，悄悄扔给丁玲。

丁玲拾起那些小团，然后躲到角落偷偷看，那简单的文字让她读后骤感温暖，她把收到的每一张小笺都认真抚平，压到床铺底下，每天都要把手伸到铺底下摸几次，唯恐被造反派抄走。

下放、劳动改造、关牛棚只是丁玲和陈明悲惨命运的前奏，还有他们更加想象不到的坎坷命运在等待他们。一九七〇年，他们被双双关进秦城监狱。

人生的命运何其相似，三十七年前，她和上一任丈夫冯达曾经一起被关进过国民党的监狱，此时，她又和这一任丈夫一起住进共产党的监狱。离开牛棚被关进监狱之前，她试图把自己的一些东西带走，比如陈明写给她的那些字条之类的，但被来拘捕她的警察生硬拒绝了，在他们眼里，这些脏兮兮、皱巴巴的东西就是一堆垃圾，他们不允许这个女罪犯带着这些垃圾走进秦城监狱。

于是，那些记录着他们人生历程的宝贵文字被当作一文不值的垃圾丢弃了，抗争是没有用的，连他们的生命都不知道哪天就稀里糊涂地丢弃，那些小字条、那些文字又算什么？

他们一路向北，又回到久违的京城附近，被关进北京市昌平区小汤山镇附近那座传说中的秦城监狱。

终于回到北京了，却是以这种方式、这种身份回来的。

这一次她和陈明没有被关在一起，他们第一次彻底分开了。

与在台上挨批斗相比，监狱里要安静得多，除了偶尔的提审，铁窗生活无限孤寂，她感觉自己进入了真空中，连空气都是静止的。这个地方，连风吹过都是寂寞的。

刚进来的时候，她以为，不会总这样的，监狱里也是要放风的。后来她才发现，这里一个月才放一次风，这一次放完风，就要等待漫长的一个月。这一个月之内她是完全与世隔绝的，漫长的时段里，她就是面壁呆坐着，傻傻呆呆的，承受着无法言说的寂寞孤独。在这里，连陈明那些皱皱巴巴的小纸团都见不到了，她不知道陈明被关在哪间牢房，她不知道外面的世界现在究竟是什么样子，她痛苦到了难以承受的边缘。她能看到《人民日报》，从报纸上的新闻来看，外面也不消停，许多“走资派”都被打倒了，估计又有一些朋友和自己一样要身陷囹圄了。

一张报纸，满纸都是火药味十足的文字，翻来覆去地看，排除不了多少寂寞。回忆那段苦涩的经历，那孤寂的滋味仿佛又重新袭来：“孤寂，无穷无尽的孤寂，我有生以来，从没有尝过这种孤寂的滋味。”

孤寂之后，伴随的往往是绝望。

丁玲不敢绝望，这漫长的一生中，她什么样的苦没受过，她从来没有绝望过。她告诫自己，无论如何不能绝望，要坚信自己能走出去，重要的是精神不能垮、信念不能垮。

报纸是用来看的，也是用来读的，她读给自己听，她和自己说话，她给自己背唐诗。这个嘴里经常念念有词的囚犯很有个性，看守对她也很无奈，她没有说一句反动的话，读《人民日报》有什么错？背诵唐诗也不违法违规。

她发现自己真的老了，每天呆呆坐着，一动不动，腿脚有些不利索了，有时候想站起来去吃饭，经常会站立不稳，踉踉跄跄，这样即使能活着出去，也是一个瘫痪的废人。

不能变成傻子，不能变成哑巴，也不能变成瘫子，她要用自己的方式锻炼身体。《人民日报》看完了，念完了，另一个用途就是团成纸团，纸团要松松的、大大的，像一个篮球那么大，这便是丁玲自制的“篮球”。她把这个奇特的球用力扔到墙上，然后拾起来再扔，如此循环往复，一天反复数百次。这种锻炼很见效，她感觉身体的关节灵活多了。

每天扔纸团的这个老女犯人让看守很无奈，他们觉得，这个老太太的神经一定有些不正常了，一个破纸团天天丢来丢去的，自己逗自己玩，过什么瘾呢。他们永远都不会知道，也不会懂得一个女作家的坚强。

她等待着、盼望着，漫长的五个春夏秋冬是怎么熬过来的，她自己都说不清。

痛定思痛，痛何如哉。

那五年的岁月每一天都如同复制粘贴似的单一，即使细细回顾，也没有多少可以叙说的故事。

其实，她要感谢那五年的监狱生涯，如果不是被关在监狱，也许她活不过来。陈明就曾经这样说：“那时如果回到北京，或者继续在农场挨斗，一九七〇年不关到秦城监狱，丁玲不一定能活得过来，她被整得太累了。”

太行山中的嶂头村

出狱的日子，是一个明媚的五月天。

脱下囚服，换上从东北来这里时穿的那身打着补丁的旧衣服，衣服有些小了，在狱中生活了整整五年，貌似她比来的时候倒还胖了一些，也许年岁大了，身体变得更加臃肿了。她就这一身衣服，什么随身物品都没有。好在离开监狱之前，又发给她一身衣裤，她全部的家当就是这身新发的衣服了。

她天天盼望走出这个地方，当迈步离开这里，她心里却是一片茫然。

下一站是什么地方？不会又让她回到北大荒的牛棚吧？

下一站，她要被下放到山西长治的嶂头村。

离嶂头村约三千米的滴谷寺村，是最初确定下放丁玲的地点，但考虑到该村地处半山腰、交通不便，且吃水困难，也没有村级医疗所，生活上很是不便，上级遂决定把下放地点改在了嶂头村。终于可以和陈明夫妻团聚了，有生之年还能团聚到一起，无论去哪里对她来讲都无所谓，这些年，她早把一切都看透了。

山西那个地方她不陌生，当年她带领西战团在那里战斗过。

从北京郊区的秦城监狱出来，外面的世界已是花红柳绿。他们要到北京站坐火车，必须进京。这是久违的北京城，这个城市现在不属于她，她也不属于这个城市，今天，她不过是这里的匆匆过客。

北京没有直达长治的火车，火车只能到山西省阳泉，然后从阳泉再换汽车，最后来到太行山中的一个小村落。

这个村子叫嶂头村，公社所在地离长治大约四千米，总体来说还不算太偏僻。

当时分管丁玲下放改造工作的长治市委组织部副部长曹秀文亲自把她送到了嶂头村，把她交到村支书手上，留下的两句话是："对丁玲要生活上照顾，政治上监督。"

政治上监督是以后的事，当下首要的是生活上要照顾，这个身材矮胖、头发花白、穿着补丁衣服的老太太，除了气质上与村里的老太太不一样，那身行头装扮还不如一个乡村老太太。支部书记不敢怠慢，人都来了，赶紧给她安排住处吧，他让人腾出这个村质量最好的一处带阁楼的砖房让丁玲住。

房子确实是这个村最好的，一大一小两间正房，大房间里盘着一铺大炕，炕席是新的，屋里还有条几、桌子、椅子之类的简单家具，桌子上甚至还很人性化地放着一个新暖水瓶，铺盖是从公社借来的，眼下丁玲除了身上穿的一身衣服和随身带着的出狱前发给她的一身衣服，就一无所有了。

在这个地方，一下子又拥有了那么多，虽然什么都不是自己的，但她能使用，与监狱中的生活相比，这就算是进了天堂。

家有了，就缺丈夫了，丁玲问送她来的人：“陈明什么时候来啊？”

她被告之，陈明已经在来这里的路上了。

“好吧，我等他。”

她已经在狱中等了陈明五年，不在乎再多等一两天，虽然她恨不得马上就见到他。

送她来的人走了，带她来这里的大队支部书记也走了，突然在没人监守下自由走动，丁玲还有些不习惯，她透过窗子向外看，确认那些人真的走了。窗外和门口，有一些小孩子在踮脚向她的住处张望，他们对这个从京城来的据说是犯了错误的大作家感到新奇，都想先睹为快，看看大作家长什么样，待看见屋里坐着的不过就是一个穿着补丁衣服的胖墩墩的老太太，大概他们觉得没什么新鲜的，就无趣地散去了。

这个院子里不但住着丁玲，还住着另外两户人家，其实是一个乡村大杂院，东厢房住一家，西厢房住一家，都是老老少少几代同堂，丁玲从孤寂的狱中出来，立即进入人间烟火的喧嚣中，这下不会寂寞了。院子里每天都像是过节一般的热闹，鸡飞狗跳，大人呼孩子叫，那陌生的乡音她必须一个音节一个音节仔细辨，才能听清他们在说什么。

两天后的一个傍晚，陈明终于到了。

他也是在有关部门的监护下来到这里的，傍晚昏黄的日头下，丁玲站在大门口默默等着，其实从早上开始，她已经到门口等了无数次，一直等到日落西山，才看到陈明在村支书的带领下走了过来，他依然穿着当初进监狱时的服装，那熟悉的衣服，让丁玲感觉恍然若梦，仿佛昨天刚刚见到过陈明。

他们已经整整五年没见过面了，五年的岁月重重写在陈明脸上。

见面了，却是在这样一个陌生的地方，两个人紧紧拥在一起，老泪纵横。

“哎呀，这个地方好！”丁玲拥紧陈明，生怕一松手他又不见了。她人老了许多，声音也变得异常衰老。

陈明拍拍丁玲的后背：“两个人在一块儿就好！”

两个人相互搀扶着，手握着手走进院子，走进屋子，那天晚上，他们就这样手拉着手，说了半夜的话，说彼此的身体状况，却只字没提彼此在狱中受的苦，他们不想再触及那悲惨的记忆。

走出监狱，走进民间，乡间人家几世同堂的天伦之乐，让丁玲立即想到自己在远方的子女，已经许多年没有他们的消息了，过去在北大荒的时候偶尔还能接到他们的信件，自从关进秦城监狱，彼此便断了信息。她试着给儿子过去的地址发了一封信。

不久，儿子便回信了，不但回了信，还给他们寄来了一些衣物，并告诉他们，等有了机会就到山西来看望他们，等秋后再给他们寄一些过冬的衣裤。

村子在山中，空气好，村东就是巍巍太行山，正是夏季，山麓郁郁葱葱，景色秀美，丁玲闲来无事，就和陈明到山中散步，自由地呼吸着纯净的绿色空气，她心中长期积郁的那些郁闷散去不少，这个夏天之后，她慢慢收拾心情，准备重新拿起搁置了多年的那支笔。

乍一走进烟火味浓重的日常生活，他们发现这些年他们已经离世俗生活太远了，一切都要重新学，首先学着重新和人打交道，他们必须融入这个世俗的社会才能接地气地活着。两人把补发的一万多元钱交到村上，为全村买了一台拖拉机。然后，他们还要学着照顾自己，初冬刚到，他们就因为不会管理炉子而煤气中毒，差点把命搭上，他们警觉到身体的重要、健康的重要。那样艰辛的苦日子都熬过来了，不能在这遥远的地方稀里糊涂地丢了性命，这些年白白耗费了若干年的生命，什么都没有做成，好不容易可以安心写作了，要让身体硬硬朗朗的，在有生之年多写几本书。

北大荒那边的一些书籍和资料已经搬到这里来了，她要重新创作《在严寒的日子里》，那部书的手稿抄家的时候早已经被抄走了，不知去向，她要凭着记忆重新写，她还要写一部长篇报告文学《杜晚香》。

她已经不是当年的丁玲，71 岁高龄在中国就是名副其实的老人了，她一生中受过各种苦难，每一次苦难经历都给她的身体留下一些病痛，最严重的是腰痛病的折磨，让她无法安心坐下来写作。陈明想了一个土办法，用二尺见方、四角打洞的写字板吊在她胸前，这块自制的写字板很实用，五六十万字的《在严寒的日子里》就是用这种方式完成的。

那段时间，丁玲最快乐的一件事就是儿子蒋祖林来这里看望她了。

一个寒冬的日子，许多年没见过面的儿子突然从天而降。丁玲怔怔地望着眼前这个中年男人，扑到儿子身上把他紧紧搂住："这是我儿子啊。儿子，我的儿子。"她忍不住哭出声。

蒋祖林把母亲拥在怀里，喃喃地喊着："妈妈，妈妈。"像童年时代在母亲怀抱里那样轻轻喊着，他的母亲已经变成了风烛残年的老人，那白发，那脸上深深的皱纹，让他心疼。

那夜，烛光下，炉火边，帆布椅上是半躺的丁玲，热乎乎的土炕上是斜倚被窝卷的儿子，他们母子说着这些年彼此的境遇，说到伤心处，娘俩唏嘘落泪，那几天，丁玲对儿子有说不完的话。

儿子听到伤心处，便忍不住问："这些年里，你是否一度萌生过一丝轻生的念头？"

丁玲摇摇头，那头摇得坚决，没有丝毫犹豫："没有，从来没有。我有信仰，有信念，我相信党，相信历史总会为我作出公正的结论。当然，我希望自己能活着见到这一天，我为什么要自己去死呢？我若死了，我的问题要说清楚就更不容易了。我若是死了，你们怎么办？"

窗外下着鹅毛大雪，雪落太行静无声，母子一同陷入沉默。明天蒋祖林就要走了，他舍不下母亲，却必须得走。

丁玲和陈明已经习惯了现在的乡村生活，为了安静写作，他们搬离了大杂院，把村子一处闲院子收拾干净住了进去。写作累了，她还可以和陈明一起养鸡种菜，坐在小院温暖的阳光下晒太阳，或者在午后沏上一杯下午茶，和陈明各坐在一张小凳上一起沉默发呆。

外面的世界已经完全变了，当年那些"右派"和"走资派"该平反的平反，该昭雪的昭雪，丁玲和陈明的生活却没有任何改变，莫非上级把他们忘记了？忘记了在这遥远的太行山中还住着这样一对含冤受屈的老夫妻，忘记了曾经的丁玲？

之后，陆陆续续有过去的老朋友来看她，给她带来外面的信息，那些关于文坛的，关于老朋友们的消息像一股清新的风，吹动着她的心扉，她意识到，躲在这个地方坐等不是办法，要自己行动起来。她让陈明回北京去找找看，努力为他们寻找光明的出路。

陈明去了，丁玲在这偏远的乡村泰然自若地坐镇指挥，她和陈明用书信作为联络方式，每一步都为陈明出招数。陈明此次进京成效显著，到一九七八年底，陈明那边传来好消息：中组部的同志告诉他，丁玲可以先回北京治病，由文化部具体安排接待。

两天后，陈明从北京回到嶂头村，他要和丁玲收拾一下他们简单的行装，他们或许很快就要离开这个地方回北京。

已经进入马年的岁末，一九七九年元旦已经过去了，进入腊月，嶂头村的年节氛围一天比一天浓，明天就是腊八了，有人给丁玲送来了腊八米，让他们腊八早上熬一锅腊八粥。

丁玲和陈明把乡亲送到门口，远远地看到有一辆灰色的“上海牌”轿车向这边开来，轿车上走下来一些人，他们满面春风，见面就给丁玲夫妇道喜。他们是奉上级命令来接两人到长治宾馆的，然后送他们回北京。

终于可以回北京了，丁玲惊喜地和陈明对望着：“我们要回北京了。”

好消息传得快，整个村子都知道丁玲要回北京了，一会儿工夫，丁玲的住处就聚集了五六十个人，那欢腾的气氛恍若回到当年的延安。

一九七九年一月九日清晨，丁玲离开长治向京城进发。这一次回北京，她心绪难平，75 岁的丁玲一生几次与北京聚聚散散，这一次，经历了二十年的痛苦流荡，她又回来了。

后记　绚烂的生命余晖

择一城终老，遇一人白首。

她喜欢北京这座城市，她想回到那里度过生命中最后的那些时光。她爱陈明，这些年风雨相伴，他们之间早已变成了亲人，这个已经变成亲人的爱人是她今生最后一个男人。

她和陈明相依相伴，踏上回京的路程。

一九七九年春节前的北京，因为年节的欢乐气氛，冬日的严寒似乎也褪去了一些。

列车驶进北京站，女儿蒋祖慧和女婿早已在站台等候，一同来接站的还有文化部的人。丁玲扶着车厢门口的扶手缓缓走下来，她步履有些蹒跚，蒋祖慧赶紧上前去扶，丁玲摆摆手，她的倔强永远都不会改变。

他们被暂时安排在文化部和平里招待所居住，马上就到春节了，蒋祖林得知母亲回京的消息，立即带着妻儿从上海赶来。这年的春节，是一家人二十多年来第一次一起过年，那个除夕是丁玲一生中最难忘的，他们在人民大会堂参加了首都各界人民春节联欢会，这待遇是过去二十年中想都不敢想的。

从人民大会堂回到和平里招待所，丁玲提议：“我们照个全家福吧。”

一家人幸福地聚在一起，留下了那张全家八口人的“全家福”合影。

文学界的朋友们听说丁玲回到北京了，都来看望她，在她眼里，他们都老的不成样子了，在他们眼里，她也是一样。二十多年没见，这二十年，每个人都遭受了不同程度的人生磨难，经历了各种时光和岁月的洗礼，他们的脸上都蒙着一层因年华而安然的微光，他们的笑容温和而安详。老了倒也罢了，毕竟人还在，最令人哀伤的是许多老朋友都没有经受住那场运动的考验，一些人再也见不到了，丁玲一生深爱的冯雪峰便已经在四年前饮恨辞世，那时候丁玲还在山西的嶂头村，无缘与冯雪峰见上最后一面。

在和平里招待所，丁玲便搬入了友谊宾馆东北区一套普通的客房里。在友谊宾馆就餐的时候，意外地遇上了沈从文夫妇，如果不仔细辨认，丁玲根本就认不出那对老夫妻居然是沈从文和张兆和。当年，那样一个帅气儒雅、风流倜傥的男子，那样一个美丽窈窕的淑女，现在居然变得这样老态龙钟。每到这个时候，丁玲总会忘记，自己其实比人家也强不了多少，只是她心理上从来不认定自己的苍老。

丁玲人生中最后一抹绚烂的夕阳，照亮了她后面的那一段路，她又出山了，频繁地出现在文坛，出现在人们的视野中，尽管受了几十年的委屈和磨难，她对党没有一丝抱怨，她对党依然满怀深情。

一九七九年十一月，全国第四次文代会上，丁玲当选为中国作家协会副主席、中国文联委员，75 岁的丁玲又回到她魂牵梦绕的文艺界。

虽然年事已高，她庆幸自己腿脚还能动，她还要活动起来，去采风，去看望老朋友。桑干河畔的温泉屯现在变成什么样了？和她一起养过鸡、种过菜、垦过荒的北大荒农工朋友还好吗？延安的宝塔山、延河水是否还和当年一样美？大洋彼岸的美国、加拿大、法国、澳大利亚是个什么样的世界？她要去看看，许多地方她都要去看看。

她去了，不但去了那些地方，还去了天津、上海、浙江、广西，到过沈阳、大连、西安、长沙、临澧、昆明、个旧，景洪、厦门、泉州、福州，到过湖北武汉、葛洲坝。她当然一定要去故乡常德去看看，那里，是她最牵挂的地方。从回到北京，到她生命的最后一刻，不过七年的时间，她几乎是马不停蹄地奔波在采风、讲演的旅途中，她要把失去的时间、失去的岁月用这种快节奏的忙碌去弥补，生命的白天已经过去了，黄昏的时光很短暂，她没有时间从容缓慢地做一些事情，她认为："严肃的责任感使我顽强地活了下来，严肃的责任感，又催我向前，去反映生活，反映时代。"

她其实可以安静地度过晚年。一切尘埃落定之后，她分到了复兴门外大街二十二号楼高级公寓的一套房子，公寓楼里住的大多是落实政策的老干部，公寓外面空旷辽阔，和后来拥挤的环境不一样。她不愿意像许多风烛残年的老人那样，整天昏昏沉沉、打着瞌睡晒着太阳一天天老化下去，她要在夕阳西下的时刻发出最灿烂的光。她不出门的时候，便用苍老的手不停地写，从凌晨两三点钟，写到早上八九点钟，她的《魍魉世界》《风雪人间》等百万字作品就是那个时候完成的。

丁玲平反的脚步来的那么迟缓，她虽然复出了，身上沉重的历史问题却一直悬而未决，直到一九八四年夏天，才等来中组部《关于为丁玲同志恢复名誉的通知》征求意见稿，那时，80 岁的丁玲正躺在北京协和医院的病床上，她戴着老花镜看完那份文件，长叹一声：“这下我可以死了……”

她这一生已经度过了八十年，却有四十多年被束缚在各种沉冤之中，现在一切都洗清了，她可以心中没有一丝尘埃、没有一丝遗憾，心安理得地告别这个世界了。

她爱过的那些男人，胡也频、冯雪峰都已经去了另外一个世界，她可以去和他们会合了。

丁玲的身体越来越差，因糖尿病引发神经炎，左腿剧烈疼痛，从一九八五年秋冬季节开始，协和医院的主治医生就不断给她发出病危通知。

丁玲是有灵性的。

除夕，她已经感觉到自己时日不多，她对家人说：“你们大家高兴吧，我肯定能成佛。”

这句话，让守候在门外的陈明默默落泪。

大年初一清晨，丁玲在鞭炮声中默念：“雪峰就是这个时候死的。”

没错，冯雪峰就是十年前的大年初一逝世的，过几天就要举办冯雪峰逝世十周年纪念会了，她本来是答应要去的，还要在会上发言的，现在看来是去不成了。

她知道自己正一步步走向那个世界，她不舍，但是必须走。

她从容地做好了一切准备，她最牵挂最放心不下的人是陈明，这是她相濡以沫四十四年的爱人，她用微弱的声音对陈明说：“你再亲亲我。”

陈明深情地吻着丁玲，他强忍泪水，不敢让眼泪流下来。

丁玲已经开始黯淡的目光中带着最后的妩媚和娇羞，她轻声说：“我是爱你的，我只担心你，你太苦了。”

死亡的脚步轻轻走近她，她在最后的神智尚未失去之前，说的最后一句话是：“死，是这样痛苦啊！”

这是最后无奈的涅槃，她勇敢地迎接了死亡，安然平静地接受了每个人最终都要面对的人生现实。

不管命运中曾经有过怎样的坎坷，不管遭到过怎样的争议，她在文学、政治、爱情上起起落落，却始终坚毅不屈，从来不曾向谁低头；她的文字率真、洒脱、豪放，每一篇文字都是用心写出来的；她柔情似水敢爱敢恨，每一次的爱都真挚热烈、情深意切。

丁玲走了，一颗文坛巨星陨落了。

人们不会忘记她，永远的丁玲。

《丁玲：一曲华美的奏鸣曲》 参考资料

1.《魍魉世界·风雪人间——丁玲的回忆》

2.《丁玲全集》

3. 沈从文《记丁玲》《记丁玲续集》

4. 陈明《我与丁玲五十年》